Le Symbolisme Ésotérique
Actuel

«Dieu me permit de voir la lumière de l'intuition et du lever de l'Étoile du Haut Savoir, et me dit:
Dans l'évidence et dans l'intuition je me cache à ceux, qui se contentent des voiles ... – Si ceux-là savaient que le symbole et le mystère des choses sont dans la même clarté, alors ils suivraient LA VOIE.»

(Ibn Arābi) *

«Je ne me soucie ni du style, ni des règles des prépositions et des terminaisons, car c'est indigne d'un Chrétien de subordonner les paroles de la Langue Sacrée aux règles de la grammaire.»

(Pape Gregorius I) **

---

* Ibn Arābi, *Las Contemplaciones de los Misterios*; ed. Suad Hakim & Pablo Beneito. – Murcia, 2003; – ISBN 84-7564-2659; – Quatrième Vision. Le signe calligraphique ci-desssus (source: loc. cit.) est le «LA»: C'est le *Père*, correspondant à *Kéthèr* (le ‹Non-Chose› des Qabbalistes).

** Grégoire I, ‹le Grand›, Pape de 590 à 604, dans une lettre servant de préface à ses *Moralia*. C'est à lui qu'on doit l'hermétisme contenu dans le *Missale Romanum*, et le Chant Grégorien.

PIERRE MARTIN

LE SYMBOLISME ÉSOTÉRIQUE ACTUEL

Sous l'Aspect de la Vie quotidienne, du Langage et du Chemin gnostique de l'Auto-Initiation

Avec une préface, un index bibliographique, un index des expressions essentielles et de nombreuses illustrations et planches, en partie en couleur.

«*Lecteur entends si vérité addresses*
Viens donc ouyr instamment sa promesse
et vif parler - le quel en excellence
veult asseurer nostre grelle esperance ... »

ÉDITIONS ORIFLAMME 2012

Pierre Martin: Le Symbolisme ésotérique actuel sous l'aspect de la vie quotidienne, du langage et du Chemin gnostique de l'auto-initiation.
Illustré.
Traduit de l'édition originale en Allemand, intitulée:
Esoterische Symbolik heute – im Licht des Alltags, der Sprache und des gnostischen Wegs der Selbsteinweihung.

CIP: Deutsche Nationalbibliothek.

Mots de recherche:
Initiation, Tradition, Ésotérique, Gnose, Mariage Sacré, Mythologie, Histoire des Religions.

Titre en raccourci: Symbolisme ésotérique actuel.
Première édition. – Tous droits réservés.
ISBN 978-3-9523616-3-4

© de l'édition allemande: Éditions Oriflamme, CH-4002 Bâle, 2011.
© de l'édition française: Éditions Oriflamme, CH-4002 Bâle, 2012.

edition.oriflamme@gmail.com

Production: Adhoc-Organisation, Bâle
Printed in Germany.

Frontispice:
Pierre tombale d'un Prince Bogomile; – Radimlja, Herzegowina:
Les Nombres de 1 à 7; – la main ouverte au lieu du pentagramme interdit;
Soleil, Rose, Couronne (voir texte); – trèfles (trifolium = Trinitas). –
Source: Antaios.[116]

TABLE DE MATIÈRE

	PLANCHES	9
	AVERTISSEMENT AU LECTEUR	25
	LES CHAPITRES:	
1.	Savoir, c'est Pouvoir	32
2.	L'éternel cycle du semi-savoir humain	35
3.	Symbolisme – norme de l'existence humaine	36
3.1.	Le mythe de ‹Saint› Pierre – mystification millénaire ...	37
3.2.	La relativité des mythes et des doctrines	40
4.	Connaître mieux les groupements ésotériques	41
5.	Éléments primordiaux du Symbolisme	42
5.1.	Le Point	42
5.2.	La Barre verticale	42
5.3.	La Barre horizontale	42
5.4.	La Croix..	42
5.5.	Le Triangle ascendant	43
5.6.	Le Triangle descendant	43
5.7.	Le Losange ou Rhombe	45
5.8.	Le Carré	45
5.9.	Le Pentagramme	46
5.10	Le Hexagramme	47
5.11	Le Cercle	47
5.12	Le Labyrinthe	49
5.13	Le Caducée de Hermès	50
6.	Un mot sur la Symbolique des Chiffres	51
6.1.	La symbolique classique des nombres et des lettres	51
6.2.	Les écritures secrètes	51
7.	Les quatre roses de la tradition hermétique	52
7.1.	La Rose Noire	53
7.2.	La Rose Blanche	54
7.3.	La Rose Rouge	55
7.4.	La Rose d'Or	57
7.5.	La Rose-Croix dans le Symbolisme des Roses	57
7.6.	Sommaire de l'interprétation des Roses	59
8.	Le Bestiaire Sacré	60
8.1.	Le rôle prépondérant du Gryphon pour l'Alchimie	61
8.2.	Le bestiaire et la Symbolique des contes	62
8.3.	L'impact pour la Philosophie Religieuse	63
8.3.	Interprétations illuministes	64
8.4.	Idéologie et neutralité	64
8.5.	L'Univers des Êtres Mixtes	64
8.6.	Esprits et Démons	65
8.7.	Diabolos – le Diable ainsi nommé	66
8.8.	Le culte du Diable	66

9.	Pute – Vierge – Reine des Cieux	68
9.1.	La femme dans le Symbolisme	68
9.2.	Un mot sur la virginité	69
9.3.	Diana-Aphrodite-Astartè et ceteræ	70
9.4.	Vénus-Columba – Reine des cieux et Esprit-Saint	71
10.	Symbolisme égal syncrétisme et tolérance	73
10.1.	Le syncrétisme des religions	73
10.2.	L'emploi partagé et nuancé des symboles	73
11.	La Magie et la ‹valence› des symboles	74
11.1.	Magie – le pouvoir qu'en fait une conscience	75
11.2.	La magie des symboles et l'orientation des humains	77
11.3.	Magie et Symbolisme – prétextes d'exclusion	77
11.4.	Le Symbolisme et la charge d'hérésie	78
11.5.	L'assassinat moral et l'ignorance des Masses	79
11.6.	Les symboles méconnus – pierres d'achoppement	80
12.	Père, Mère, Fils – le Mariage Sacré	82
12.1.	La dynamique incessante des Contraires	82
12.2.	Union des opposés – quiétude et stabilité	84
12.3.	La séparation des sexes «au Commencement»	85
12.4.	Du monde sexué à la sexualité	86
12.5.	De la sexualité au sexisme	87
12.6.	L'exploitation par la magie sexuelle	88
12.7.	Retour au Symbolisme non-valorisé	89
12.8.	Le dilemme de la réunion des opposés	90
12.9.	La solution du dilemme dans la vie quotidienne	92
13.	Épilogue et encouragement	93
13.1.	La magie des symboles est omniprésente	93
13.2.	Tout l'Univers créé n'est que symbole	95
	ANNEXE I: Notes et Bibliographie	97
	ANNEXE II: Noms et expressions spécifiques	107
	ANNEXE III: Tableau des symboles les plus courants	117

PLANCHE I:
Le Dieu Père IAH / יה(ו); IA(O) – révéré par la Déesse Mère, ISIS avec son Voile.
Shakespeare, *Songe d'une Nuit d'Été*, Acte III, Scène I.

PLANCHE II:
Crucifié à la Croix occitane avec Soleil et Lune, sous le signe du Bélier.
Chapiteau au cloître de la cathédrale de Tarragona, Espagne.

PLANCHE III:
Jakin et Boas; Licorne et Agneau; la *Perle Précieuse* et *La Pierre*; la flamme de l'Esprit et le vêtement de la Madeleine ... – SOPHIA.

Pl. IV:
Dieu-Père au trône (Kéthèr).

Pl. V:
Le Christos (Logos) comme Démiurge.

Pl. VI: Sophia et l'Alchimiste
dans: M. Palingenius, *Zodiacus Vitæ*.

Pl. VII: Divin monde des manifestations,
dans: Chr. Heinrich Keil, *Handbüchlein*.

Pl. VIII: Christ, croix de St-André, trèfle hexagramme, croix occitane en fleurs de lys. (Bâle, Klingental-Museum).

Pl. IX: Adam et Ève à l'Arbre, et le Serpent parlant, au milieu de la triple Tétrade. (Paris, Ste-Chapelle).

Pl. X: Rose méridionale au Sceau de Salomon (en bois de chêne), et *'Christus Triumphans'*. (Cathédrale de Bâle).

Pl. XI: L'évangéliste *Luc* comme *Lucifer*. (Cathédrale épiscopale, Chur/Coire (Suisse).

Pl. XII: Les démons de l'Âge Dernier poursuivent surtout le Clergé… (H. Schedel, *Weltchronik (chronique du Monde de l'an 1493).* – détail).

PL. XIII: Statue de la DIANA D'EPHÉSUS, tant maudite par Paul du NT. C'est la ISHTAR-ASHERA de l'AT: ‹Mère Nature› ou *Mère de toute Chose*, le DAO des Taoïstes – nourrice aux 100 seins; la Grande Déesse Mère ou Mère de Dieux, toujours enceinte, toujours vierge. –
MALKUT de la Qabbalah; – le PLÉROMA des Gnostiques, – la MÉRELLE des vieux Alchimistes; – ISIS de l'Ancienne Égypte; – la DANA des Celtes; APHRODITE chez les Hellènes; – à Rome d'abord VÉNUS, puis MARIA Vierge.

PL. XIV: MARIA et ELISABETH, les embryons visibles dans leurs girons; et la Colombe – VÉNUS-COLUMBA – planant au-dessus d'elles. (Gravure d'après une peinture de l'‹École de Cologne›, vers 1400).

PL. XV: Le folklore des corporations estudiantines, émergeant au 19ᵉ siècle, se servait d'un mélange bariolé d'éléments symboliques: De l'Héraldique, les écussons. – De l'Hermétisme les couleurs principales: blanc et rouge avec noir (sable), bleu (indigo) ou vert; feuilles de laurier, et phylactères. – De la Cryptographie, les 'Cercles' et cryptonymes ('Vulgo'). – De l'usage des Celtes et Gaulois, les rites du *convivium*, la prédilection pour les feuilles de chêne et les glands. – De la Chevalerie, les armes: Sabre, Épée, rapière (brette). – De l'époque des Pharaons, des éléments de l'argot estudiantin. – Y contribuèrent les mœurs des lansquenets, de la Bourgeoisie (robe de chambre, pipe longue et bonnet grec) et du Moyen-Âge («Chevauchée du Renard») etc.; – mais tout cela *sans conscience de la signification intérieure* de ces symboles.

Pl. XVI : Le Serpent d'Airain à la croix de *Tau* chez *Abraham Eléazar*.

Pl. XVII : Symboles du laboratoire alchimique et spagyrique (18^{-e} siècle.)

Pl. XVIII: *L'Adepte de la Pierre Philosophale comme cornemusier* (l'Alchimie est également nommée ‹*Art de Musique*›): Les trois couleurs capitales de l'Œuvre: noir, blanc, rouge (avec le jaune au milieu); – l'alambic comme *cornemuse*; – les *trois Œuvres* (trois couronnes, voire 1+2+1 pipes sonores); – l'épée du *Feu alchimique*; – La *Rose-Croix Templière* sur le bonnet; – le flacon d'argent à l'Eau Ignée (*Æsch-Maiym*); – d'innombrables Soleils d'or de la *Multiplicatio* en guise de franges; – la jambe raccourcie de *Saturne*; – le drapeau à la devise de la *fermeté* à côté de l'*Homme des Bois* (c.à.d. de l'*Alchimiste*). En arrière-plan: Le ‹*Palais fermé du Roy*› du Philalèthe, les ‹*jardins maritimes*› du Garlandinus; – l'*Aube se Levant* et les Nues de *Rosée* de Altus. La tenue écossaise souligne l'importance de l'absence de lumière pour le Grand Œuvre (grec. σκοτία – skotía, l'obscurité); – et les lèvres serrées rappellent l'obligation au silence de l'Adepte.

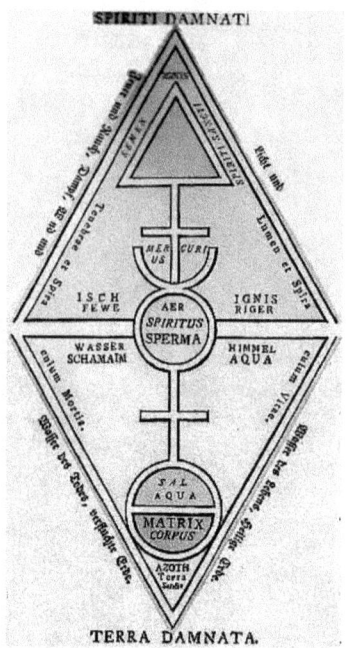

Pl. XIX: La Dichotomie de l'Univers. – Source: *Geheime Figuren der Rosenkreuzer* (*Figures secrètes des Rose-Croix*). – Altona, 1785.

Pl. XX: L'Homme-Lumière est un avec le Macrocosme; – l'homme microcosmique n'est que sa propre ombre et son propre adversaire; – un «Ange déchu».

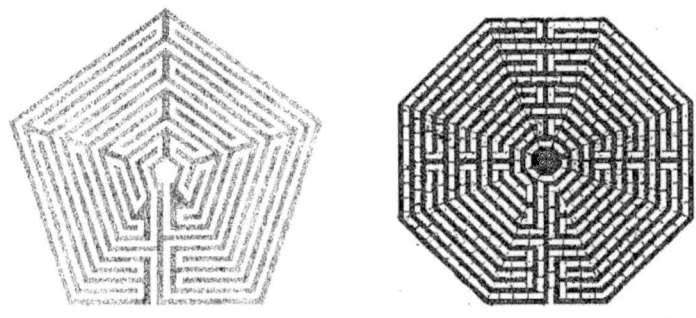

Pl. XXI-A: Le Labyrinthe de la cathédrale de Saint-Quentin, détruit par la 2^{-e} guerre mondiale, avait la forme d'un *pentacle*.
Pl. XXI-B: Le Labyrinthe à Amiens: Un *Octogone* avec une *Rosace* au milieu.

Pl. XXII: Marque d'imprimeur avec anagramme et cryptogramme (Cologne, 1530).

Pl. XXIII: La ‹Griffe des Drudes›: Pentagramme druidique renversé de la Déesse Mère, banni comme ‹symbole du Diable› par l'Église tardive. – (Porte d'église {!} à Lausen, Suisse).

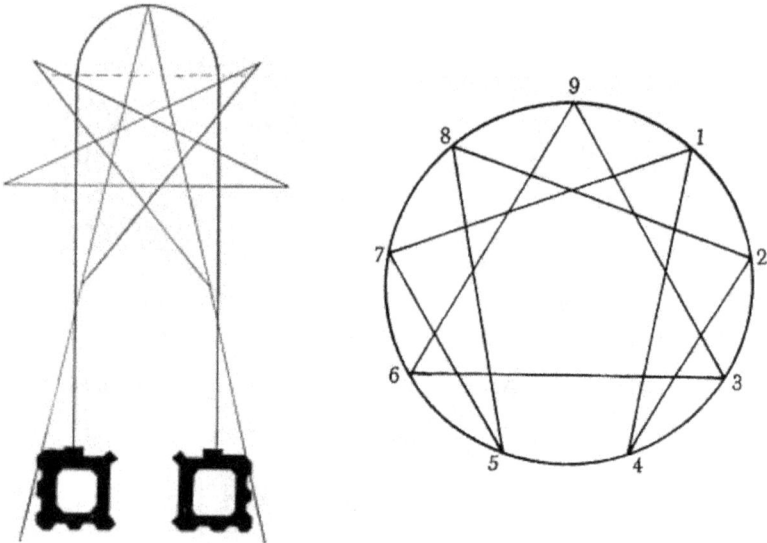

Pl. xxiv-a: Cathédrale de Chartres: Le Heptagramme ‹caché› dans le plan horizontal.
Pl. xxiv-b: Ennéagramme: «Thèse, antithèse, synthèse, à la base de 3 et 7».
(Source de l'illustration: A. Roob, *Alchemie und Mystik – das hermetische Museum*. Éditions Taschen, Munich, 2006)

Pl. xxv: Les cinq corps platoniques sont d'une grande importance dans la Symbolique ésotérique, et de la micro-cristallographie jusqu'à l'astronomie de l'Univers.

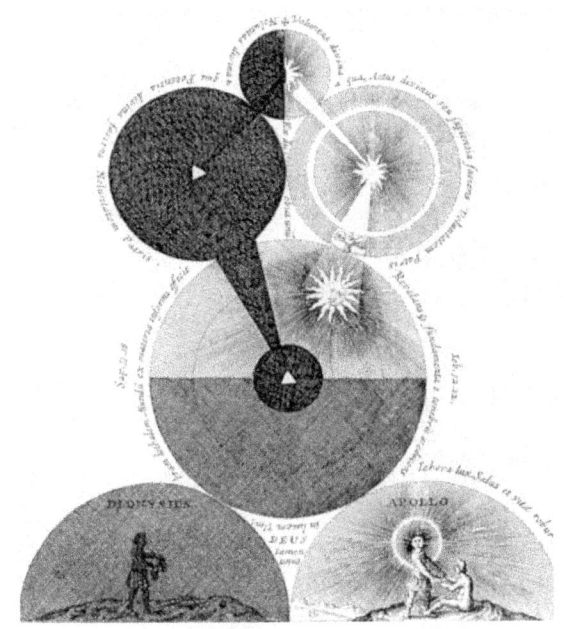

PL. XXVI: Planche originale dans R. Fludd, *Philosophia Mosaica.* – Gouda, 1638.

J. H. Cohausen, *Lumen novum phosphoro accensum.* – Amsterdam, 1717.
PL. XXVII-A: Macrocosmique circuit de Lumière. – PL. XXVII-B: Son pendant alchimique.

Pl. XXVIII: Annonciation de ‹No[v]-ĕl› aux ‹bergers› (voir texte).
(Église de Zillis, Suisse, 12^{-e} siècle)

Pl. XXIX: L' *Oiseau Griffon* est toujours un symbole de fertilité et de vie; – ici lors d'une fête folklorique d'origine celtique à Bâle (Suisse), ou dansent le *Gryphon*, l'*Homme des Bois* et le *Lion* : acteurs principaux également du Grand Œuvre alchimique (ciselure en bois par l'éminent artiste Burkhard Mangold, vers 1930).

PL. XXX : Cette ‹Vierge à l'Enfant› est en réalité un *Chevalier* au haubert et aux guêtres: Assise sur ses genoux on voit *Sophia*, au ‹Geste de Jean›, et avec le *Livre Fermé* de la Science Ésotérique sous le bras[1] (Drôme Provençale).

PL. XXXI : La Licorne – *Unicornu* démontre ici: Savoir royal, Connaissance de la ‹Langue des Oiseaux›, et orientation pure (‹volonté nouvelle› de l'Initié).

Pl. XXXII:
Les nombres du nouveau millénaire soulignent la *nouvelle ère du Verseau*, qui épanche en profusion sur le monde entier: inspiration, orientation et activité nouvelles; – nutrition de l'âme, et encouragement pour tous les ‹hommes de bonne volonté›.

Avertissement au Lecteur

«Trois choses dont la sauvegarde incombe au Barde:
Le Langage – les Symboles – la Tradition.»
(Les Triades Druidiques)

Pour nous, hommes modernes, l'origine du Symbolisme se trouve, indubitablement, dans un passé si lointain qu'il est permis de dire: De nos jours, aucun humain ne vit, qui n'ait pendant l'une de ses préexistences – et il y a peut-être des millénaires depuis – été en contact avec cette même Symbolique ou son origine. Cela signifie que, en principe, *chaque humain vivant de nos jours* porte dans sa pré-mémoire – on pourrait dire aussi: dans la *mémoire de son sang* – le trésor immense que représente la Symbolique du Monde; – en vertu de quoi il le transmet à ses descendants, ne serait-ce qu'à son insu.

Et pourquoi si peu nombreux sont ceux qui sont conscients du Symbolisme? Qu'est-ce qui fait que même des personnes très ‹instruites›, de grande ouverture d'esprit et expérience ne sachent plus que faire des symboles classiques; – qu'ils ne les acceptent et appliquent qu'en rapport direct avec leur vie quotidienne – spirituelle, matérielle ou artistique? Et pourquoi même les meilleurs d'entre eux considèrent-ils l'antique langage des symboles comme démodé, utile uniquement pour des systèmes de penser vieillots, et sans aucune actualité pour nous, les Modernes? – Oui, il y a même, dans ces cercles, des gens qui sont fiers d'avoir *dépassé* de loin le Symbolisme de l'Antiquité brumeuse et du Moyen-Âge fleurissant, grâce à une «évolution spirituelle moderne, et définitivement supérieure»! Voilà un fait bien triste et même très inquiétant; et nous espérons que nos lecteurs s'en rendront compte par la suite.

Si ‹*l'embrouillement des langues à Babylone*› ait jamais eu lieu au sens donné par la Bible, nous n'en jugeons pas: Chacun a le droit d'avoir son opinion là-dessus aussi. Mais qu'il ait existé (ou, vu que le temps n'est qu'une illusion du monde matériel, *qu'il existe*) une langue commune à tous les humains, c'est une certitude. Selon la *Science Spirituelle*, tous les humains sont Un; – donc à cette unité doit être propre également une langue unique – la *Langue de l'Unité universelle*. Si l'origine de l'expression *langage* est l'organe de l'articulation verbale, actuellement on parle de même d'un *langage d'images, de corps, de gestes*. Ainsi, le *langage symbolique* est un moyen de communication unissant toutes les cultures, idiomes et époques. Que cela soit vrai de nos jours, non pas *encore*, mais *de plus en plus*, trois exemples nous le prouvent:

1° Tous les groupes occultistes utilisent les symboles les plus anciens. Qu'ils s'orientent de bonne foi (*bona fide*) vers l'Unique Bien, ou que – agnostiques, désespérés ou par sombre ignorance – ils «se vouent à la Magie Noire»: Tous se servent de symboles et de rites d'époques immémoriales, quoique, parfois, selon une interprétation changée.

2° Dans les rues, gares, aéroports etc., ce sont des *symboles* qui déterminent le comportement *de chaque passant* de la même façon. Tous ces systèmes de réglage fonctionnent à la base d'unités fixes d'information. Dans les deux cas, il ne s'agit que de *symboles* (signes ou chiffres), auxquels sont accommodés ou affaités, soit des appareils, soit des humains. Et ce sont, *graphiquement*, les signes primitifs du *Triangle*, du *Carré* et du *Cercle* (ou *cycle*) qui, ici comme là, servent de base. (Notre livre garde, en principe, tous les noms et symboles *en majuscules* et *non-francisés* : Le **H** aspiré évoque *l'Esprit*).

3° En 1972 furent lancées les fusées spatiales *Pioneer 10* et *11*, équipées chacune d'une plaque en aluminium doré, sur laquelle furent gravés quelques symboles idoines à *l'entendement intercosmique* – c'est-à-dire: des unités d'information propres à la mathématique, à la physique et à l'astronomie, ainsi qu'un couple humain. Il est assez typique pour la schizophrénie (voire l'hypocrisie) de notre époque, que justement le pays qui est l'origine du sexisme, de la pornographie et de toutes les perversions sexuelles commercialisées, ait retenti de protestations contre cette représentation naïve de ces deux humains nus. Comportement d'autant plus *pervers* aux yeux d'un étudiant des sciences ésotériques, pour lequel l'Homme, même de nos jours, et malgré son état dégénéré, reste une image à la ressemblance de Dieu – et pour qui, par analogie, un couple humain est équivalent à un *compendium* de la Nature ‹dialectique›, c.à.d. partagée en d'innombrables paires d'opposés. Nature connue à satiété de nous tous (et sans doute également de tout autre être intelligent dans l'Univers).

Or, les symboles évoqués ci-dessus et conçus pour le temps moderne, ont une fonction purement matérielle. Les classiques symboles de l'Antiquité par contre ne se relatent pas uniquement aux aspects matériels de la vie de tous les jours (mais pour lesquels ils ‹fonctionnent› tout aussi bien): Ils s'appliquent à tous les aspects spirituels et scientifiques, physiques et métaphysiques, matériels et immatériels de tout l'Univers. Rien n'existe qui ne puisse être exprimé au moyen de ces archaïques unités d'information – les symboles antiques! –

Et vice-versa: Aucune application moderne des anciens symboles, où ceux-ci n'auraient pas, selon la Loi universelle, leur effet intemporel, aujourd'hui comme jadis. – Et nous le soulignons en même temps: Que ces symboles soient perçus et vécus *consciemment*, ou qu'ils soient *animés en inconscience*, et même ‹par hasard› ou contre volonté, cela ne fait aucune différence!

De l'autre côté, il y a le fait qu'un humain en qui se réveille la pré-mémoire des symboles universels, et qui donc perçoit consciemment les vibrations du savoir intemporel du Symbolisme, empreintes dans la Nature entière – aux règnes minéral, végétal, animal, humain et des Esprits; – qu'un tel humain donc est capable de ressentir et de reconnaître les véritables interconnexions de toutes choses dans l'Univers. Or, il ne peut partager et communiquer ces expériences qu'avec des gens qui, à leur tour, sont familiers du langage symbolique. Car chaque humain ne tire pas la même information d'une même image; chaque observateur ne tire pas les mêmes conclusions à partir des mêmes éléments.

Exprimé de façon positive: Qui a su – ou à qui a été donné de – se connecter intimement aux sphères métaphysiques les plus sublimes – qui connaît la langue des symboles et, par une approche supra-sensuelle (‹spirituelle›), sait accéder aux informations y relatives, non seulement peut *partager* et *échanger* ces expériences: Chaque humain – selon les dons qu'a reçu sa personnalité – peut interpréter différemment les mêmes ‹blocs d'information›. Ces fragments d'expériences individuelles que personne ne peut exprimer vraiment par un langage parlé conventionnel, peuvent alors être *combinés et réunis* dans une unité nouvelle, une *vue d'ensemble, collective et consciente* qui, *inévitablement, et selon une loi naturelle*, poussera avant l'évolution spirituelle de chaque humain – et par là de l'Univers entier – jusqu'à un état de conscience sur-humain, c'est à dire: ‹humainement divin›!

Ou, exprimé encore d'une autre façon: Qui *ne soigne pas* le langage symbolique universel – ce langage unique des ‹temps du Commencement› – se coupera lui-même de sa connexion avec le savoir primitif de l'Univers, et donc des derniers restes de l'omniscience de l'Homme Originel et Divin (‹Proto-Adam›): Ainsi elle ou il laissera mourir entièrement les racines déjà trop étiolées de son Arbre de Vie individuel, par simple légèreté.

En résumé: Le savoir et l'expérience universels ne sont exprimés en aucune langue moderne *conventionnelle* (donc, fixée par une convention *moderne*). Ce ne sont que les archaïques symboles universels qui en sont capables – quoique, par occasion, enrichis d'une interprétation additionnelle et moderne. Tous les deux – l'emploi classique comme l'enrichissement par l'interprétation moderne – sont faciles à comprendre pour tous ceux qui ressentent en eux-mêmes et presque *de manière physique* (car l'intellect ne saurait y parvenir), la présence de l'antique langage des symboles. Pour tous ceux par contre qui ne participent pas, à présent, à cette présence éternelle du ‹Verbe du Passé›, nous souhaitons renouveler, par le présent livre, la profonde compréhension de ces choses. —

Nombreux, et même innombrables, sont les livres publiés sur les symboles et le Symbolisme à ce jour. Ils diffèrent par la culture et la société desquelles ils émanent: leur mythologie, leur systématique, leur forme et leur présentation. Le présent petit livre ne prétend pas *compléter* ces publications préalables, et encore moins les *corriger*: L'auteur est trop conscient des lacunes et de la relativité de ses affirmations aussi bien fondées soient-elles. Surtout que la Symbolique *figurative* a été limitée à un choix bien déterminé.[2]

Ce qui justifie la publication du présent livre, c'est plutôt son contact étroit avec le langage des peuples, avec leur vie quotidienne – matérielle et spirituelle – et son effort de souligner et de rappeler à l'âme du lecteur – à travers la signification abstraite des symboles – leurs vifs effets magiques pour l'existence humaine quotidienne – et ceci surtout en vue de l'évolution spirituelle de l'humanité entière vers son *Unique But*, qui est rendu accessible par cette *Voie d'Initiation* qui, par les Écritures sacrées de tant d'époques, est nommée: *Le Chemin, le Pèlerinage*, et aussi *le Voyage*, et dont les stations les plus importantes sont connues sous la dénomination du *Baptême par l'Eau, par l'Esprit et par le Feu*. Cette Voie est d'autant plus pressante de nos jours qu'elle n'est plus le privilège de Prophètes, de Mages et de Prêtres, mais qu'elle est dès lors ouverte à tout un chacun – *«à tous les hommes de bonne volonté»*.[3] – Il n'y a qu'*une seule* condition incontournable: Celle du *courage à l'autonomie et à l'auto-responsabilité!*

Car, pour obtenir la véritable connaissance – la *Gnose* – il faut savoir à présent: Ce qui jadis était caché dans les brumes du mysticisme, est mis aujourd'hui en pleine lumière. Ce qui jadis fut acquis *inconsciemment*, par la transe ou le sommeil au Temple, à présent se présente comme la *science de Dieu, de l'Univers et de l'Homme*. Or, ce qui reste inchangé depuis toujours et pour toujours, c'est la *précision* des Mystères, de leur langage, de leur Symbolique. L'homme mondain a l'habitude d'appeler *mystérieux* ce qui lui paraît *flou*. – Le contraire est vrai: L'initiation aux *Mystères* demande *la précision la plus poussée du raisonnement, du langage et des actions*, mais elle octroie, en récompense, une *nouvelle conscience*.

Autre chose encore n'a nullement changé au cours des millénaires: *L'impossibilité d'exprimer en paroles* le savoir le plus intime, les expériences les plus hautes et les plus basses qu'un être humain puisse vivre: *Voilà* pourquoi on a toujours parlé de *doctrines secrètes – d'Occultisme.* – *Voilà* pourquoi les vieux symboles – les vieux sigles, images et associations – n'ont rien perdu, en notre temps, de leur force expressive et de leur actualité. – *Voilà encore* pourquoi le lecteur des pages qui suivent trouvera bien des allusions aux *contes*, à l'*Alchimie*, à la *Mythologie*, et à l'*Héraldique* (mais très peu aux *Runes*), sans pourtant recevoir la systématique les concernant.

Tout cela pour fournir *la base* à l'abolition de l'ignorance par rapport aux antiques *Traditions des Mystères* et leur Symbolisme. Le lecteur tirera grand profit en allant vers les nombreuses œuvres (en toutes langues) publiées à ce sujet, et d'y découvrir les larges correspondances et coïncidences qu'ici nous ne pûmes qu'indiquer modestement, et sommairement.

Car l'un des buts que nous nous sommes proposés, c'est la concision, la justesse de ce livre. Aussi, maintes remarques importantes et enrichissantes, et qui indiquent d'autres sources et significations, sont notées comme hors sujet, et dans la marge. Mais le lecteur attentif s'en rendra compte, ne serait-ce que parce que telle remarque *semble être, là, complètement déplacée*. Sinon, au lieu d'un petit livre, il aurait fallu produire un tome important.

Pareillement, on ne trouvera guère de justification pour les affirmations données ici. Celles-ci auraient bien pu être livrées, mais le résultat aurait encore été un gros livre. Or, le but du petit tome offert ici, c'est celui de donner, en un volume minime, une *vue d'ensemble* concise mais claire, des symboles *les plus importants* – et une introduction à l'*analyse indépendante* de presque tous les symboles. De plus, il veut esquisser le *Chemin spirituel*, tout en prenant égard à des questions posées à l'auteur dans le passé, ou qui lui sont encore posées souvent. Un approfondissement en tous les sens souhaités est grandement facilité par le riche choix de littérature spécifique, rassemblée en annexe. Ce sont des titres de l'Antiquité à nos jours; et il serait souhaitable que le lecteur n'ait pas uniquement une *très profonde* connaissance de sa langue française *au cours des siècles*, mais également des autres langues, du moins européennes. Les œuvres en question ne sont citées qu'une fois, sauf s'il s'agit de phrases dont le lecteur profitera en les étudiant directement dans leur contexte.

Un fait souligné à plusieurs reprises est que les symboles ne peuvent être définis une fois pour toutes; – c'est ce qui les unit au *langage hermétique*, dont le sang est la vivante *Cabale phonétique*. C'est la *compréhension* – et la *familiarité par la pratique* – des interconnections phonétiques d'une *langue* à l'autre, d'un *dialecte* à l'autre, d'un *argot* à l'autre. – Ainsi l'Esprit souffle sensiblement, de l'*oreille* à la *langue* (*Lingua*), de la langue à l'oreille (*valva*). Le trésor incommensurable qui s'ouvre alors, est basé sur la *Langue Mère* ou *Langue Matrice* méditerranéenne (le Pélasgue), dont le Français actuel n'est qu'un pauvre reste. Ce sont surtout les œuvres de *Fulcanelli* qui introduisent l'étudiant moderne à cette vieille *Connaissance.*[1] Le petit livre ici présent en est *teint*, et voudrait en *en-seigner* ses lecteurs aussi: Semence abondante – richesse inépuisable!

Que la récolte de chacun puisse correspondre à son effort, en lui prodiguant *Lumière, Vérité et Vie* !

DEUXIÈME FRONTISPICE:
Pierre tombale Bogomile, présentant, entre autre, les nombres de 1 à 9.

1. SAVOIR, C'EST POUVOIR

Là où vues philosophiques ou religieuses et la foi du peuple se rencontrent, de riches systèmes syncrétistes s'établissent. Voilà qui produit la richesse d'une culture. Malheureusement, ce n'est presque plus le cas dans les régions ‹civilisées› où règne une religion d'État; – et cela est vrai pour toutes les religions mondiales.

Pour simplifier, les explications dans ce livre prennent comme base le *Christianisme* et, comme exemple, sa communauté la plus grande: l'Église de Rome. C'est elle, depuis les premiers siècles de notre ère,

l'instance dominante et responsable du confusionnisme, de l'interdiction, de l'abolissement, de la persécution et de l'oubli des symboles et traditions spirituels les plus anciens, mais que néanmoins elle emploie assidûment dans ses doctrines et rites, tous les jours.[4]

Cependant, il ne faut pas faire de cette Église la seule coupable: *«En fait, depuis le début du 19ᵉ siècle, illuminisme, spiritisme et science vulgaire avaient suffoqué la voix des temps passés, en la couvrant du voile de l'ignorance la plus révoltante»* – c'est ce qu'écrivit Jean Laplace dans sa préface à l'édition allemande du *Mutus Liber* d'Eugène Canseliet.[5]

Des siècles durant, se suivirent les adaptations des textes bibliques aux exigences changeantes, et ce sous pression du Vatican, même sur protestants et non-chrétiens. Ainsi, et même concernant la vie profane, on prescrit encore et toujours, quel savoir «peut-être permis», et lequel sera supprimé.[6] La réalité historique (Proche Orient[7]) et scientifique (Astronomie, Médecine, Physique quantique) diffèrent souvent des dogmes issus d'hiérarchies de prêtres – pendant des siècles les seuls à définir le savoir admis. Tout *autre* système pour expliquer les causes et sources primaires de l'existence – Créateur, Création et Créatures – fut banni, persécuté, livré au feu et au glaive, et souvent complètement anéanti (‹*superstition*› – lat. *superstitio* = tradition scrupuleusement conservée). En furent frappées non seulement des doctrines explicitement alternatives, mais également leur expression par des images ou des signes, en leur langue propre (p.ex. celtique):

Les régisseurs de la *Concordance Mondiale* concernant sciences, politique sociale, religions etc. – n'ont cessé de définir depuis, qui a le droit de savoir quoi, et dans quelle forme.[8] Tout le reste fut proscrit comme idolâtrie, sorcellerie, diablerie etc. voire condamné et puni comme étant contre la loi, contre nature, contre «la bonne foi chrétienne» et ainsi de suite: Excommunication, torture et mort honteuse menaçaient les réticents et les relapses pareillement.

A Einsiedeln (Suisse), le dernier procès pour sorcellerie eut lieu en 1754. La victime qui n'admettait rien, mourut du traitement subi. – Le procès coûta plus de 300 pièces d'or (!), et dut être payé par la famille de la condamnée.

En 1755, au même endroit, un *dénonciateur*, ne

Sorcière chevauchant le Bouc de *Venus-Urania* (v. chap. 9)

pouvant fournir de preuve, dut payer une amande de 50 pièces d'or.[9] – À l'âge de l'Internet et des médias de masse, les calomniateurs restent anonymes et impunis; – mais dans l'ancienne Babylone, la sentence était dure:

«Quand un citadin a accusé un citadin de sorcellerie, mais ne peut le prouver, alors, celui auquel est reproché la sorcellerie, va vers la Divinité du Fleuve et s'immerge dans le Fleuve, et si le Fleuve l'atteint, alors l'accusateur reçoit sa maison {c.à.d., tous ses biens}. Mais si le Fleuve juge innocent de toute culpabilité ce citadin, et que celui-ci s'en échappe sain et sauf, alors celui qui l'a accusé de sorcellerie, est tué; – celui qui s'est submergé dans le Fleuve, reçoit la maison de celui qui l'a accusé.»[10]

La christianisation mondiale forcenée avec son ‹illuminisme› – c.à.d. la rationalisation, la dé-mythologisation et la dogmatisation du Monde – a systématiquement interdit, maudit, calomnié, falsifié et détruit les traditions sacrées antérieures – en les conservant pour une certaine ‹Élite›. Par une forme très simple de ‹guerre biologique›, elle les a éloignées du sang-même des peuples: Le *Savoir ancré dans le sang* fut anéanti par les conquérants *au nom du Christ*, en encourageant les militionaires les plus brutaux à s'accoupler avec le plus grand nombre possible de femmes des pays envahis. Même la

Guerre des Balkans, à la fin du siècle passé, suivit cette même trame, et avec la plus grande conséquence.[11]

À notre époque moderne, les expressions pour ces persécutions globales ont changé, leurs manifestations et applications ont été modernisées et modérées; mais dans la pratique, tout se passe comme avant: La recherche, la foi et le comportement libres sont supprimés – non pas en vue de la paix, la joie et la prospérité de tous, mais en faveur du pouvoir d'une minime minorité. Les ‹dissidents› sont – aujourd'hui comme jadis – chassés, excommuniés, calomniés, attaqués et persécutés par des moyens qui n'évitent ni le parjure, ni la violence, ni les perversions les plus abjectes. Les sciences modernes du 21^{-e} siècle, la ‹rationalisation› globale dans tous les domaines ne peuvent l'empêcher: Elles favorisent, au contraire, le fait que quand il s'agit de la liberté de la pensée, de la foi et des doctrines sur le domaine des traditions les plus anciennes et de la science de l'Esprit la plus intime (= *ésotérique*), la même rhétorique syllogistique et la même infamie que celles recommandées par le *Marteau des Maléfices* de l'an 1487, de la "‹Sainte› Inquisition Romaine et Chrétienne" sont appliquées.[12] Même de nos jours, les médias de masse médisent des scientifiques d'office qui signalent leur disposition au dialogue constructif avec les scientifiques de l'Esprit Vivant – les Ésotéristes scientifiques.[13]

Aussi, grandissent l'ignorance des Masses et leur exploitation par des rhétoriciens et des gratte-papiers subtils; – et les vérités philosophiques et religieuses sont non seulement oubliées et perverties, mais diabolisées tout comme dans le sombre passé de la ‹Renaissance Française› (quand François Ier fit éliminer imprimeries, livres et lecteurs en même temps). Cette persécution moderne a pour but de troubler tous – au service de la manipulation croissante des Masses institutionnellement abruties. Tout cela en vue de construire, à la base d'arguments *apparemment bien fondés*, une *soi-disant vérité*, qui devrait faire mourir tout ce qui est vrai, bon, et beau: Voilà le travail de celui qui, dans l'ancienne Perse, fut appelé *«Ahura Mainyu (Ahriman) – Lui qui est tout Mort»*.[14, 15]

L'issue pour ceux qui ne veulent pas laisser mourir le Savoir ancien, mais veulent le sauver pour les générations à venir, est et sera donc la *Langue des Symboles*: elle qui ne connait ni sophismes ni syllogismes. Par la suite, quelques symboles seront élucidés de façon à faire réapparaître d'anciennes traditions – sans dog-

LE SEMI-SAVOIR HUMAIN

mes, et nuancé de manière que chacun qui le veut, pourra, par la suite, former *sa propre opinion saine*, et *sa* vue des choses.

2. L'ÉTERNEL CYCLE DU SEMI-SAVOIR HUMAIN

Depuis l'origine des temps, les phénomènes entourant la vie humaine furent interprétés en vue d'une signification qui dépasserait, et par là justifierait, leur forme sensuellement perceptible. Cette perception verbalement *transcendante, métaphysique* et *suprasensible* – jointe à l'expérience quotidienne qui la confirme, et par là, la consolide – est toujours respectée comme la *Connaissance – Gnose –* propre à un petit nombre de ‹Savants›. – Par ‹vulgarisation›, en dérivaient: l'empirisme collectif de la ‹foi populaire›, les ‹maximes des paysans› – et sur cette base encore, le shamanisme, la *doctrine secrète* des prêtres, et les sciences modernes.[16] – Même les scientifiques de l'Académie ne sont finalement qu'un pareil petit nombre de ‹Savants›: *Prêtres-Mages* d'une foi *scienti-fique* (c.à.d., non pas *trouvant*, mais *faisant* le savoir) – de *doctrines conventionnées* et d'un Institut qui rejette ou accepte des connaissances volontairement restreintes afin de les harmoniser au système politique et social actuellement au pouvoir, et à la *conscience admise* par ce même système. – On pourrait nommer cela, très judicieusement, le *Cercle du semi-savoir humain.*[17,]

Les détenteurs des connaissances et compétences ainsi définies jouissent des privilèges et du pouvoir qui en dérivent.[18] Nul savoir humain qui ne serait soumis à cette loi – nul qui ne serait éphémère. Or, si le savoir ancien n'est pas *renouvelé et élargi*, mais *évincé*, voire *remplacé*, alors le savoir entier ne va pas grandir, mais se rétrécir. Et ainsi, l'humanité va, en titubant, d'un semi-savoir à l'autre … –

Dans le cadre des altérations du savoir renommé sur les domaines reconnus par les instances établies, même des traditions et symboles très anciens furent évincés, et ces connaissances originales «du Commencement» ne furent plus soutenus que dans des cercles très restreints et dans des domaines d'intérêt très spécifiques. Aussi, les antiques symboles

Les 'castes' chez Hans Sachs (Frankfurt /M., 1563).[18]

furent d'abord *marginalisés*, puis *effacés* de la mémoire de la Majorité; – et ce également à l'aide de l'électronique moderne qui efface toutes les nuances, en n'admettant plus qu'une seule alternative: Ou bien ‹Un›, ou bien ‹Zéro›; – ‹Oui› ou ‹Non›; – ‹Noir› ou ‹Blanc›; – ‹Bon› (p.ex. rentable) ou ‹Mauvais› (p.ex. *dissident*).[19]

Voilà un contraste frappant avec le Symbolisme, où *plusieurs*, et souvent *de nombreuses* significations, se contredisant même, sont acceptées en même temps, et où des interprétations ou ‹paradigmes› nouveaux sont toujours les bienvenus; car ils n'*éliminent* pas, mais *élargissent*, les conventions et le ‹Savoir› antérieurs: C'est ainsi que le trésor du Savoir du ‹symboliste› (ou ésotériste) continue à s'approfondir et à s'élargir.[20] Acceptation ou rejet ne dépendent pas, ici, d'une *représentation* physique et *objective*, mais de l'application *subjective* et de *l'effet* physique émanant d'un symbole (nombre, signe, sigle, griffe). C'est l'usage qu'on en fait, qui détermine l'actuelle valeur, ou ‹valence›, d'un symbole:

«C'est à leurs fruits que vous les reconnaîtrez!»

3. LE SYMBOLISME – ‹NORME› DE L'EXISTENCE HUMAINE

Le présent petit livre contient les éléments symboliques les plus petits, depuis l'origine des temps – y compris la mathématique, la physique, la chimie, le trafic, etc. etc. de nos jours. Le lecteur ainsi averti saura construire sur cette base et accéder à la compréhension de presque tous les symboles possibles. Facilement, il reconnaîtra les parallèles entre les symboles archaïques et de l'Antiquité, et leur signification pour le Christianisme officiel. L'Église de Rome n'a pas uniquement adopté les symboles proprement dits (figures), mais aussi tous les insignes, vêtements, coiffes, couleurs, odeurs, rites, hymnes, invocations et prières d'autres religions et cultures, y compris celles des ‹hérétiques› – souvent en détruisant l'original et en déclarant ces annexions comme sa propriété exclusive. La question suivante nous en donne un exemple des plus clairs:

„Comment se fait-il que le *Pape* soit nommé *«Successeur de Pierre»*, son trône, *«chaire de Pierre»*, ses insignes, *«clefs de Pierre»*, et cetera?"

La vision et le savoir de la fondatrice du mouvement théosophique depuis 1875, Mme. H.P. Blavatsky, concernant les vieilles traditions et symboles, restent inégalés à nos jours. Ce que son volumineuse œuvre écrite nous apprend, chaque chercheur le verra confirmé par sa propre expérience. Dans *Isis Unveiled* – en français: *Isis Dévoilée* – elle note, entre autres, ce dont le lecteur trouvera ici un extrait concernant la question relevée ci-dessus[21]:

3.1. Le Mythe de 'Saint Pierre' – mystification millénaire

«Il y avait *deux chaires* de l'apôtre titulaire, à Rome. Le clergé, étonné et terrifié par les nombreuses preuves apportées par les chercheurs scientifiques, décida finalement d'affronter l'ennemi, et nous trouvons, dans la *Chronique des Arts*, {**donc dans une gazette française!**} l'explication la plus maligne et en même temps la plus jésuitique concernant ce fait. – Voici:

«Selon ce commentaire, "l'accroissement du nombre de croyants poussa Pierre à faire désormais de Rome le centre de son activité ... Aussi, la demeure personnelle de Pierre fut transférée au *Viminal*; et c'est là que fut posé ce siège mystérieux, symbole de pouvoir et de vérité. On ne déplaça pourtant pas l'auguste siège tant vénéré dans les catacombes Ostrianiques. Pierre continua à visiter la crèche de l'Église de Rome, et sans doute y exerça souvent sa fonction sacrée. Une deuxième chaire, expression du même Mystère que la première, fut installée dans la *Cornélia*; – et c'est elle qui, à travers les siècles, est venue jusqu'à nous."

«Or **(continue la Blavatskaya)**, à part l'impossibilité que jamais deux chaises authentiques de ce genre n'aient pu exister, la plupart des recherches nous démontrent que Pierre *en aucun moment ne demeura à Rome*; et les raisons en sont nombreuses et incontestables. ... *Justinus Martyre* ... avide de saisir toute preuve possible en faveur de l'unique vérité, pour laquelle il souffrit, paraît *n'avoir eu aucune connaissance de l'existence de Pierre*! Ni ne le mentionne aucun des autres auteurs accrédités autour de l'Église de Rome, jusqu'à *Irénée* qui s'efforça d'inventer une religion complètement nouvelle, qu'il tira du fonds de son imagination. Nous dirigeons le lecteur ... vers l'œuvre compétente de Monsieur G. Reber, intitulée: *Le Christ de Paul*. Les arguments de cet auteur sont décisifs.

"Le Christ" – continue l'article ecclésiastique – "légua en son testament que ce signe visible du dogme accrédité de son remplaçant {**donc la ‹Chaire de Pierre›**} dusse avoir sa part à l'immortalité, ce qu'on peut

Perugino: *Pierre recevant la clef de l'Église*.
La fable est pompeuse, le Symbolisme est riche!

suivre de siècle en siècle dans les documents de l'Église de Rome".
– Tertullien confirme formellement son existence en son livre *De Præscriptionibus*. – Avides **(continue la Blavatsky)** d'apprendre tout sur ce thème si captivant, nous aimerions que l'on nous montrât: QUAND LE CHRIST LÉGUA-T-IL PAR TESTAMENT une chose pareille?» – **Et elle continue:**

«... Bower en son *History of the Popes* (vol II, p. 7) dit qu'en 1662, lors du nettoyage d'une des susdites chaises, y soient apparus "malheureusement gravés les *Douze Travaux de Héraklès*" ; – donc, la chaise fut enlevée et remplacée par une autre. Or, lorsqu'en 1795 les troupes de Bonaparte occupaient Rome, la chaise fut réexaminée. Cette fois-ci, on y trouva *le Crédo de l'Islam*, en traits arabes: „*Il n'y a aucun Dieu sauf Allah, et Mohammad est son Prophète.*" – Le Prof. Alexander Wilder (dans l'annexe à *Ancient Symbol Worship* de H.M. Westropp et C. Staniland Wake) remarque, très pertinemment: „Il faut croire que l'Apôtre de la circoncision, comme Paul, son grand adversaire l'appelle, ne visita jamais la cité des Césars {**donc** *Rome,* **alors la** *Cité des Khazares*}; et il n'y a eu aucun successeur – même pas dans le Ghetto. La ‹*Chaire de Pierre*› est donc plutôt *sacrale* qu'apostolique. Or, sa sainteté viendrait plutôt de la religion ésotérique pré-romaine. Probablement, le Hiérophante des Mystères s'y asseyait le jour de l'Initiation, lorsqu'il montrait au Candidat le *Petroma* (une *plaque en Pierre*), sur laquelle était inscrit le dernier secret que le Hiérophante révéla au Néophyte lors de son initiation."» — **Et Blavatsky de poursuivre:**

«La dénomination apostolique de *Petrus* elle-même vient des *Mystères*. Le Hiérophante ou Pontifex Maximus porta le titre chaldéen de *ptr – petr / pitr*, c.à.d. *Exégète* {**de là la prétention à l'exclusivité de** *l'exégèse des Écritures* **par l'Église de Rome?**}. – Des noms comme *Pether*, la demeure de *Biléam* (*Patara* et *Patras*), les noms des sites d'oracles – *pateres* ou *pateras* et, qui sait, même *Buddha*, viennent de la même racine. – Jésus dit: „*Sur cette petra je bâtirai mon Église, et les Portails, ou Seigneurs du Hadès, ne la vaincront pas*". Par *petra* il désigne le *Temple Rocheux* et, par métaphore, *les Mystères chrétiens*, dont les adversaires furent les anciens Dieux des Mystères des Enfers, vénérés dans les rites d'Isis, d'Atys, Adonis, Sabazios, Dionysos et les Éleusiniens.

Ces Mystères furent intégrés dans le dogme chrétien, dans la forme de l'histoire de la Passion de Jésus. Aucun *apôtre Pierre* ne fut jamais à Rome; – mais le Pape empoigna le sceptre du *Pontifex*

Maximus des Mystères, ainsi que les clefs de *Janus* et de *Cybélè* et, en ornant sa tête chrétienne de la coiffe de la *Magna Mater*, réplique de la Tiara de *Brahm-ātma*, du Pontifex Maximus des Initiés de l'Antique Inde, il se couronna successeur de cet Archiprêtre païen, du véritable *Petr-Roma*, ou *Petroma*. – De même, la *Tiara* du Pape est-elle la réplique parfaite de celle du *Dalaï Lama* du Tibet.

«Eh-oui! **(constate la Blavatsky)** – L'Église de Rome a des ennemis bien plus dangereux que les ‹hérétiques› et les ‹mécréants›; et ce sont ... – *l'archéologie, la mythologie comparative, et la philologie [comparative]*» – **pour continuer:**

«Lors de sa traduction de textes brahmaniques inscrits sur des feuilles de palmier, *Jacoliot*, l'un des plus éminents Orientalistes de tous les temps, trouva des passages qui „*nous révèlent l'origine indubitable des clefs de Pierre, et nous expliquent leur adoption par Leurs Saintetés, les Papes de Rome* ... "

«Moyennant le témoignage du *Agrutchada Parikshai* – ce qu'il traduit librement comme *Le Livre des Esprits ou Démons* (*Pitri's*) – il nous démontre que, des siècles avant notre ère, les *Initiés* du Temple choisissaient un Conseil Suprême, présidé par le *Brahm-âtma* ou suprême chef de ces Initiés {**comp.** les *Pharisiens* : *Pharsi* – à l'origine des Initiés *perses*; et *medici* – d'Initiés *mèdes*}. – Il rapporte que ce pontificat ne pouvait être occupé par un Brahmane âgé de moins de 80 ans (et le Hiérophante des Éleusiniens, lui aussi, était toujours un vieil homme, et célibataire); – que le Brahm-âtma était le seul gardien de la formule AUM – ce sommaire de tout Savoir et qui signifie *Création, Conservation* et *Transformation* ... – Tout Initié qui communiquait à un profane une seule de ces paroles, ou le plus minime des secrets à lui confiés, était tué. Et celui qui recevait cette vulgarisation, partageait son sort.

«Le tout – poursuit Jacoliot – „fut couronné par une parole encore plus secrète que le AUM. Celui qui possédait la clef de celle-ci, en devenait presqu'égal de Brahma lui-même. Le Brahm-âtma seul possédait cette clef qu'il transmettait, dans une capsule scellée, à son successeur. Cette *parole secrète* ... était gravée sur un *triangle en or* {**comp.** le mythe sur *Hiram-Abiff*!}, et conservé dans un sanctuaire du Temple de *Asgarta* {c.à.d. *Jardin de(s) Dieu(x)*}. – Lui aussi portait sur sa Tiara les *clefs croisées* ..." – La même parole en son triangle était gravée sur la plaque de la chevalière que portait cet Archiprêtre, et en plus, encadrée par un soleil en or, sur l'autel, sur lequel le Brahm-âtma, tous les matins, faisait l'offrande du *Savarmeda* – l'offrande *à toutes les forces de Nature*.»[21A]

Voilà cette citation prise de *Isis Unveiled* d'après Mme. Blavatsky. – Pour conclure ce point, Blavatsky compare le Hindou *Asoka* (ca. 300 av. Chr.) au Carthaginois *Augustinus* (ca. 300 ap. Chr.):

«Selon Max Müller, le plus fameux connaisseur des livres sacrés de l'Inde, on lisait, gravé sur les rochers de Girnar, Dhauli et Kapurdigiri:

„Le Roi Piyadasi, l'Aimé des Dieux, désire, que les pieux de toutes les confessions fassent leur habitation en tout lieu. Tous ces ascètes confessent le même commandement, que les humains devraient appliquer à eux-mêmes {c.à.d. *«Aime Dieu, ton prochain, et toi-même!»* }, et la pureté de l'âme. – Mais les peuples ont des vues et des inclinations différentes."

«Et voici ce qu'écrivit Augustinus après son baptême:

„Oh merveilleuse profondeur de Tes paroles! ... Quelle terreur de les contempler, oui ... terreur de l'Honneur et de l'Amour. C'est pourquoi je hais, infiniment, Tes ennemis [les ‹mécréants›]. – Oh, veuille les assommer tous avec Ton glaive à double tranchant, afin qu'ils ne puissent plus être Tes ennemis! – Voilà combien, de tout mon cœur, je souhaiterais qu'ils soient tous assommés!"

«Quel merveilleux esprit de Chrétienté {remarque H.P.B.}; – et ce de la part d'un Manichéen qui fut converti à la religion d'Un qui, même sur sa croix, ne cessa de prier pour ses ennemis!»

3.2. La Relativité des Mythes et des Légendes

Cette longue citation sans aucun jugement, met en relief une évidence donnée à celui qui s'occupe sérieusement, et scientifiquement, du vaste domaine des religions: Aucune confession, aucune société ésotérique – de l'église la plus officielle jusqu'à la Loge Maçonnique la plus secrète – ne pourrait affirmer avoir surgi, et exister, uniquement de par sa propre inspiration, tradition et doctrine.

En cela il n'y a aucun mal, partant de la prémisse que le motif de fond de l'apparition de tous les groupements ésotériques *de bonne foi* ne soit autre que le désir de scruter et de comprendre les plus profonds secrets concernant Dieu, l'Univers et l'Humanité, et d'en arriver aux conclusions les plus valables possibles concernant l'existence individuelle du chercheur même, afin de rendre idoine soi-même, et d'autres aussi, à parcourir le *mystérieux* ‹Chemin de retour vers le Père›. – Les *Gnostiques* anciens, les *Soufis* et les pères de l'*Arbre des Séphiroth* n'enseignaient rien d'autre. Et G.R.S. Mead en donne une bonne vue d'ensemble dans son livre: *Gnosis – Fragments of a Faith Forgotten.*[22] –

Ce n'est donc pas la 'pure doctrine' ou 'tradition' qui compte. Ce qui compte réellement, c'est ce que les humains en font *aujourd'hui* :
«C'est à leurs fruits que vous les reconnaîtrez!»

4. Connaître mieux les Groupements Ésotériques

La démystification du Mythe de Pierre selon l'Église de Rome ne nous sert que d'exemple pour le développement spontané, voire la création préméditée, d'une tradition jusqu'à en faire un dogme sacrosaint et absolu, exigeant un statut de Vérité Absolue qu'il ne mérite point. – Statut pourtant inoffensif tant qu'il ne sert pas de prétexte pour le pouvoir abusif et la violence envers qui pense différemment – jusqu'à éliminer (tuer ou ‹excommunier›) des humains et des animaux qui jamais ne voulaient appartenir à telle *Ecclésia* (ἐκλησια = *Communauté*) ou qui sont morts depuis longtemps (noyés, pendus, brûlés vifs), ensevelis et oubliés – et *même des objets inanimés*.

Aussi exigeons-nous, concernant la foi en quel dogme, symbole ou mythe que ce soit, en tout premier lieu la *liberté absolue de la pensée, de la langue, de l'action et de l'abstention*. Et nous répétons la phrase:
«C'est à leurs fruits que vous les reconnaîtrez!»

Cependant, tout jardinier le sait: Aucun arbre ne porte *que* de bons fruits; et partout où plusieurs humains sont réunis, la faiblesse humaine est avec eux. Aussi, des fruits pourris et immatures tombent même de l'arbre le plus sain. – Or, ce qui caractérise le véritable chercheur, c'est qu'il ne s'attarde pas sur ce qu'il reconnaît être fautif ou mensonger, mais qu'il souligne d'autant plus clairement le Vrai, le Bon, le Juste: Haine et insinuation malévoles lui sont étrangères; car elles ne servent pas la recherche de la Vérité, mais seulement l'infatuation éphémère et la présomption.

Quand un servant de l'archiprêtre pharisien frappa Jésus, celui-ci lui dit: *«Si j'ai dit mal, alors, prouve-le-moi par un témoignage. Mais si, par contre, j'ai bien dit, alors, pourquoi me frappes-tu?»*.

Or, ce témoignage, ni la haine, ni la perversion de la vérité peuvent le fournir – ni aussi la soif de vengeance, ni la frustration: La preuve en fut donnée déjà par cet Africain depuis sanctifié sous le nom de *Augustinus* – lui qui, après avoir été un Manichéen pendant une dizaine d'années, par ambition se mit du côté des vainqueurs, et devint leur fervent avocat. – Et la même chose est vraie pour l'hérésiologue *Epiphanias* († 403): Ayant, pendant plusieurs années, été un Nicolaïte, et un candidat aux mystères gnostiques d'Alexandrie, par la suite, il calomnia ce et ceux qu'il n'avait pas compris.[23]

5. LES ÉLÉMENTS FONDAMENTAUX DU SYMBOLISME

5.1. *Le Point* semblerait ne pas pouvoir être un symbole autonome – mais il en est autrement: Le Point isolé peut remplacer le symbole du Soleil ☉ aussi bien que le Cercle sans son point au centre.[24] La *Qabbalah* nomme la première émanation de Dieu dans l'*Arbre des Séphiroth*, entre autres, le Point [25, 26]. On a le droit d'en conclure que le Point dans l'orthographe de toutes les écritures y est pour la volonté masculine (en ce cas pour le *bornage*), tandis que la *Virgule* (expression féminine!) pourrait être vue comme la *Lune*, chargée de servir de *pont* pour la continuation de la *manifestation* d'une pensée. Le *'Sémicolon'* est, en fait, une *synthèse* de ces deux éléments; et le *Double Point* – qui prépare une affirmation – a en même temps quelque chose *d'impérieux* ...

Il est d'ailleurs curieux que le *Point* apparaisse souvent, dans des textes sacrés ou devises (souvent en Latin), comme signe de séparation et de réunion; et également, comme un *point double* ou *triple*: ∴ – et même comme un *point quadruple*: ❖. Une rareté symbolique en est le signe ※. – Facile à interpréter ensemble avec la Croix, il ressemble au *Carré*, voire au *Losange* (voir p. 45).

5.2. *La Barre verticale* signifie la *Thèse*, le *Un*, le *Père* divin, et l'énergie masculine[27], ce qui en fit, dans l'Antiquité, un signe solaire (voir le culte de *Priapus*: Menhirs, Obélisques, et jusqu'à la Tour d'Eiffel et les gratte-ciels – expressions d'une société dominée par le patriarcat, ou mieux dit: par des mâles *phalloïdes*.

5.3. *La Barre horizontale* signifie la négation ou *Antithèse*, l'énergie féminine, le chiffre 2 lunaire et – devenue le croissant lunaire couché – même la Divine Mère, nommée aussi *Mère des Dieux* ou *Madone*. – L'apparence la plus impressionnante de la *Barre horizontale* apparaît dans l'horizon infini de l'Océan, manifestant pour les Anciens la *Mère Primordiale*, comprise comme la *Mer Primordiale* du *Chaos* (qu'on remarque l'identité phonétique), – devenue, pour les langues pelasgues, *Mar*, et dans la Mythologie de Babylon, *Mari* (la *Maritime*), dont l'Église de Rome fit *Maria* (adjectif de *Mar*); – et le Français, *Marie*, en laissant tomber tout sens ésotérique.

5.4. *La Croix*, droite ou couchée (*"Croix de St-André"*), indique la *réunion des opposés*, p.ex. la synthèse du masculin et du féminin, et aussi le croisement de *lignées* par le mariage sur le plan physique. Par conséquent, elle devint le symbole du Mariage

Sacré (voir chap. 12) – depuis les plus anciens Mystères de Babylone, d'Égypte et de la Grèce jusqu'aux Ordres du Moyen-Âge et leurs "coulants" d'Ordres et de Familles, secrets de nos jours. Finalement – et très logiquement – la Croix désigne le *Fils*, et donc spécifiquement le *Fils Divin* ou ‹*Fils de Dieu*› au sens du *Logos*, c'est-à-dire de la troisième émanation de la *Trinité Divine*.

Le *monument lapidaire de Stonehenge* réunit la verticale et l'horizontale non pas en des croix, mais en des *Portes de Lumière*, ce qui correspond à une *nouvelle dimension*! Une signification particulière revient au clou de fer (*pointe de fer*, un *Point*): C'est lui seul qui unit les deux barres ou poutres, *pour former la Croix* (voir. PL. XVI). – La Croix elle-même – et surtout en forme de X (le *chi* grec) – représente la *Lumière et la Vie Divines*. Nous ne pouvons en cet endroit traiter toutes les variantes de croix.

Chur/Coire (Suisse), Cathédrale épiscopale: Le Christ trône dans la *Vulva* en forme de *Mandorla*, tenant le sceptre *phallique* (v. chap. 5.13.).

5.5 *Le Triangle Ascendant* △, nommé dans la Symbolique ésotérique, le *Triangle de Feu*, figure en entier, c'est évident, *et* le chiffre trois, *et* la *tri-unité* (Trinité). Aussi, il signifie primairement l'antique Trinité divine, *Père, Mère, Fils* (typiquement: *Osiris, Isis, Horus*), voire la Trinité chrétiennement définie comme *Père, Mère, Esprit-Saint*. S'y joignent – selon l'environnement spirituel – nombre d'interprétations, mais qui toutes sont reliées à *l'union*, voire à la *synthèse* des forces créatives (comp. tableau des symboles, Annexe III). Le triangle symbolique le plus connu est sans doute l'*Œil tout voyant* de l'*Ayn-Suph* que nous ne commentons pas ici. Il est cher surtout aux Hauts Grades Maçonniques, et orne le billet de 1$ des USA, dont l'impact de magie noire est sujet à des débats, et où il prend la place de la Pierre Capitale de la pyramide. En tout, le Triangle △ a une connotation mâle, *rayonnante*, ce qui correspond parfaitement au *Feu* et à l'*Esprit*.

5.6. *Le Triangle Descendant* ▽ n'est pas uniquement l'antithèse de △, mais également son partenaire, son complément ou – selon les Gnostiques Valentiniens – sa *Syzygos* féminine {étymologie:

‹lié(e) au même joug, au même banc de rameurs›} – et donc son *Épouse*. Dans le Symbolisme ésotérique, le Triangle ▽ est appelé le *Triangle de l'Eau*. Son caractère est *réceptif*, révélateur et, par conséquent, féminin.²⁸

En unissant la *Thèse* △ mâle, créative et ignée (‹active›) et l'*Antithèse* ▽, féminine, révélante (‹passive›), on obtient leur *Synthèse*, c'est à dire, le *Losange*, ou même le *'Sigillum Salomonis'* – ✡ – (voir ci-après), nommé depuis relativement peu de temps *Étoile de David*, afin de le lier au lignage hypothétique du ‹Roi David› biblique. Or, le nom de *Salomon* tire son origine de l'alchimique *Sel de Jupiter-Ammon* {*Sal* = *Sol*}. Les chercheurs de l'*institut archéologique de Haïfa* ont prouvé de manière concluante que, selon toute probabilité, *aucun Roi David n'a jamais existé* (pas plus qu'un Roi Salomon) – du moins, c'est sûr, ni dans le cadre pompeux que lui donne le Pentateuque, ni à cette époque où un ‹Peuple Juif›, sans aucun doute possible, *et pour bien longtemps encore, n'existait pas*: Le ‹Royaume de Judah› du Pentateuque n'était qu'une tribu de bergers nomades sans aucune importance, sise dans la région des montagnes méridionales de Canaan.²⁹

Pourtant, et nous le soulignons encore une fois: L'impossibilité historique n'apporte aucun préjudice au mythe glorieux de l'AT, dont la vraie signifiance et la profondeur ésotérique sont pleinement accessibles uniquement par des ésotéristes très avertis, comme les *Chassidim* et Qabbalistes – et sont interprétées en partie par le *Sepher ha-Sohar*.³⁰ La valeur de tout mythe se mesure à ce qu'en font *aujourd'hui* ses gardiens *d'aujourd'hui*:

«*C'est à leurs fruits que vous les reconnaîtrez!*»

Une autre expression du *Trigonum Igneum*, de cette *Trinité Ignée*, est, finalement, la *triple flamme en chef du cœur*, rencontrée surtout dans l'iconographie baroque. Elle correspond aux trois ‹cavités supérieures du cœur›, mentionnées par la tradition ésotérique. Une curieuse forme exceptionnelle du *Triple Feu* se trouve sur une cassette du formidable plafond de l'église de St-Martin à Zillis (10ᵉ-12ᵉ siècle, Grisons, Suisse; – voir PL. XXVIII):

Le ‹berger dans le pré, à Noël›, dans lequel nous reconnaissons, selon la tradition de l'époque, un Initié, par sa position des jambes nous rappelle le *Pendu* du Tarot (comp. *Wotan*!). Il s'appuie sur son *Baculus* – le ‹bâton› (dont le Hiérophante marquait, entre autres, le centre du terrain à *bâtir* le sanctuaire) – en faisant le geste de

Harpocrate, et ce en direction d'un ange, de l'*index* duquel jaillit un *triple feu, ou triple rayon de lumière* vers ce même ‹berger›. Dans l'arrière-plan, on voit s'élever vers le ciel un *Bouc* ou *Capricorne* – symbole sur lequel nous reviendrons ultérieurement.

5.7. *Le Losange (ou 'Rhombe')*, le prochain symbole bi-dimensionnel, se compose (p.ex.) de △ + ▽. Il a une connotation féminine prononcée; – surtout quand il est allongé vers le haut, ou même arrondi pour donner la typique  *Mandorla* qui, bien sûr, ressemble à une *Vulva*. En fait, la *Rune Ingwaz* désigne tout ce qui regarde la fécondité et la gestation, y compris la *Grande Mère*, ceci par le monde entier, en toute époque. Ce symbole est élucidé à fond dans notre étude préalable concernant le *Losange* et l'usage dont en font les différentes langues symboliques.

5.8. *Le Carré* est, en quelque sorte, un cas exceptionnel du Losange ou Rhombe. Il est connecté au monde *élémentaire*, donc aux *Quatre Éléments*. Ce qui n'a encore nulle part été relevé, c'est que le *Rhombe* et le *Carré* ne sauraient être sans la *Croix*, nécessairement inscrite en eux, et qui, pour ainsi dire, les tient en place et debout, comme une *charpente spirituelle*. De là, on voit que la *Force de Lumière* – ou comme nous pourrions dire aussi, le *Cinquième*, ou *Éther de Feu* – engendre, et en même temps couronne, le Monde des Manifestations (le *Malkut* de la Qabbalah). Voilà pourquoi l'Homme (le *Microcosme*) est ‹le couronnement de la Création›. La figure tridimensionnelle de la Pyramide nous apprend la même chose: Les quatre angles à la base peuvent être associés aux quatre vents, aux ‹quatre coins de la Terre›, et encore à la Tetraktys pythagoricienne[31]. – C'est la *Tétrade* de l'émanation primordiale divine: Père, Mère, Fils *et* Esprit-Saint, placés sous le *Ayn-Soph*; – sans oublier le ‹Éther-Feu› jaillissant des quatre éléments physiques. – Bref: la *Hebdomas* de l'Æonologie gnostique, l'ensemble formant la base du Chemin menant vers le Haut. C'est le Chemin de la Rédemption, de *Malkut* vers *Kéthèr* – de *Maya* vers *Nirvana* – des bassesses du ‹monde sublunaire› vers les Hauteurs des Cieux ... —

De plus, on peut voir la Pyramide comme le *Triangle de Feu* △ manifesté quatre fois dans le Monde Physique et sur la base de la *Tétrade* – ou encore: comme la *moitié visible* d'un *Octaèdre* qui, dans le Symbolisme élémentaire, apparaît comme un *Losange* (PL. XIX). – La pyramide formant, par sa contrepartie verticale et souterraine invisible, un *Octaèdre, troisième corps Platonique*, donne en même temps l'image cristalline du *Diamant* (PL. XXV).

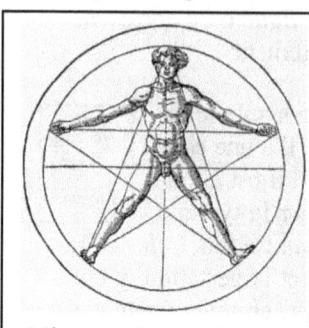

L'homme âme se tient au milieu du Pentagramme.

5.9. Le Pentagramme est le moment décisif dans l'évolution spirituelle: Voilà que l'homme, au lieu de seulement *consommer* les forces de Lumière, commence à les *propager activement* comme une *étoile*; et ainsi, la conscience de l'homme transcende le plan des trois dimensions et des quatre éléments: Son âme s'éveille pour témoigner de la Lumière, comme *Disciple*.

À partir de là, l'*homme*, ce *cratère* recevant la Lumière, commence à en dispenser en même temps: il devient un *Graal*. Et on peut dire que l'homme se tient alors debout dans le *Pentacle*, réalisant le *Pentagramme*. – A ce fait, *Heinrich Cornelius Agrippa* de Nettesheim en son *Occulta Philosophia*, dédia une figure largement connue, mais rarement comprise.[32] De plus, le *Pentagramme* représente aussi la *Grande Déesse* (ou *Mère des Dieux*) – et ceci d'autant plus quand on le voit *tête-bêche*, et *noir* en plus (‹*griffe de Drude*›, voir la *Rose Noire*, ci-après).

L'église de Rome, a tâché, pendant des siècles, et avec grand succès, de diaboliser le Pentagramme (et surtout le Pentagramme renversé): Elle considère, pour ainsi dire, la Déesse Mère *Mama ou Mari* des Anciens Sumériens[33] – devenue en Occident *Maria, Mère de Dieu* – comme sa propriété exclusive. – Or, la Sagesse des Druides reposait sur le niveau de l'*Homme Âme éveillé*, dont elle fit du Pentagramme le sigle. Aussi, la Tradition Druidique fut supprimée brutalement: par la Rome des Césars {Khazares} d'abord, par celle des Papes ensuite. C'est ainsi que le Pentagramme renversé devint le ‹Signe du Diable› ou ‹griffe des Drudes› c.à.d. des ‹Sorcières›. Que ce signe soit plutôt une *patte* ou *griffe d'Oie* (ou, en Provençal: *d'Oc*, ce qui le connecte à la *Tradition Occitane*), favorisa encore sa perversion par l'Église en un *stemma* ou *stigma* de damnation: Quiconque s'en servait encore, était voué, sans merci, à la mort par le feu vif, la noyade, la lapidation – si ce n'était à l'horrible torture des Inquisiteurs.[34]

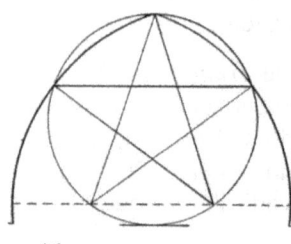

Le résultat en est que – par peur de persécution – le Pentagramme fut évité, et sa signification oubliée. – Mais toujours il rayonne, suspendu comme un transept invisible, ou caché dans le plan de fondement, dans les cathédrales gothiques (PL. XXXIV); – et la ‹patte d'Oc› reste toujours visible, jusqu'aux portails d'églises de nos jours (PL. XXIII).[35]

5.10 *Le Hexagramme* – ✡ – naît de la superposition des deux Triangles, et désigne, nous l'avons dit, la *synthèse* ou *union* des opposés dans le ‹monde des dichotomies›. Au Moyen-Âge, et surtout dans l'Alchimie opérative, il devint le ‹Sigle de la Sagesse› – donc signe du progrès en Connaissance, et aux *Laveurs* des philosophes par le Feu au *labOratoire* – lieu de travail et de prière des alchimistes sous la devise *«Ora et Labora»* (voir PL. VIII, X, XIX).

Parfois sans – et d'autant plus avec – un point au centre, le *Hexagramme* fut le sigle pour la *Pierre Philosophale* physique (PL. X) – le ‹Soufre Solaire exalté› – le *Christ*. L'étudiant intéressé pourra trouver un trésor d'indications à ce sujet dans Fulcanelli, *Le Mystère des Cathédrales*[36]; – Fulcanelli, *Les Demeures Philosophales*[37]; – Eugène Canseliet, *Mutus Liber*[38]; – Basile Valentin, *Douze clefs de la Philosophie* et, du même, *La Clef des Douze Clefs*.[39, 39A]

Une forme spéciale du *Hexagramme* est le *Chrisma*. – Il sort de la *Roue Solaire des Celtes* (les six Élohim solaires des Sept Esprits auprès du Trône de Dieu), en y ajoutant le septième, lunaire, qui équivaut IHVH en tant que IAO Dieu Père.[40] – Le Chrisma est donc vraiment un *Heptagramme*. Mais le païen ‹Esprit solaire descendu des Cieux› – donc le mythique Christos (Χριστος) – possède un parallèle avec *Jéhovah*.

5.11 *Le Cercle* – et avec lui nous concluons la série des symboles fondamentaux – est un symbole ambigu: D'un côté il représente l'énergie mâle, comme p.ex. ☉ avec ou sans le Point, comme le Point sans le Cercle (*Esprit, Or, Soleil*) aussi. Mais en même temps, il est une *sorte de Losange arrondi* et donc, en même temps, connecté aux énergies féminines.[41] Ses significations ésotériques prépondérantes dans le monde entier sont: Le *Soleil* avec son circuit ‹éternel› autour du *Soleil Central, Vulcanus* △; – puis, le *Chiffre Zéro*, lié à l'Éternité – nommée le *Néant*, ou le *Non-Chose* (*Kéthèr*, première émanation à l'*Arbre des Séphiroth*), autant qu'avec *l'Origine* ou la *Source Primordiale* (*Ayin*), d'où tout naît (*Chaos*). En ce sens, le Symbolisme iconographique nous propose le *Zéro*, le *Cercle*, la circulaire *Fontaine de Jouvence*. L'Esprit, Divinité éternellement en

L'Ouroboros: Partition du 'Siegfried', opéra de R. Wagner.

mouvement, constamment renouvelée, et néanmoins toujours immuable (le «Royaume Immuable» de la Bible), apparaît également sous la forme du *Serpent qui dévore sa queue* – *Serpens qui caudam suam devoravit* (en Grec: *Ouroboros* – *'ουροβορος* – qui *porte*, mais aussi qui *dévore* le *Ciel*). Les Égyptologues en firent le ‹*Serpent Uræus*› (PL. VII).

Remarquons encore que le Cercle est déjà contenu dans la lettre **O** d'*Osiris*, et dans quelques hiéroglyphes désignant le ‹*Dieu Soleil*›, RE, tandis que les langues tardives font commencer le nom du Soleil avec **S**, ce qui visualise le circuit titubant du Soleil qu'un observateur terrestre croit discerner. En réalité, c'est la Terre qui *titube*, et ceci à cause de *Vulcanus*, le ‹*Soleil Noir*› (‹nutation›). L'*Alphabet Berbère* emploie le signe ⊙ pour le son **S** (comme *Sol, Soleil*; – le *Cercle* vide pour le **R** (comme RE), et pour le son du **Ch** aspiré un **X** (le grec *'chi'*, la *Lumière*) auquel est ajouté un trait vertical en haut – produisant pratiquement le ✶ qui, en Égypte également, fut mis pour la syllabe *sab-* (*lumière, étoile*).

On pourrait pousser ces arguments encore beaucoup plus loin, en éclairant, par la signification ésotérique des Triskell, Swastika, Pentagramme, Hexagramme ... les échelons de la prise de conscience humaine concernant la Lumière / LOGOS / VERBE, jusqu'à l'*Ennéagramme*, dont l'origine se trouverait, selon d'aucuns, auprès des premiers Soufis. (voir PLL. XXIV-A et XXIV-B).

Concernant *Vulcanus*, le ‹Soleil Noir›, △, ajoutons encore une représentation qui démontre les relations macrocosmiques: le *circuit intercosmique des Forces de Lumière*, avec *Vulcanus* comme ‹*Le Début et La Fin*› (PL. XXVII-A et -B).[42]

Les deux versions du *Lumen novum Phosphoro accensum*, de J.H. Cohausen[43], se basent sur une représentation par *Robert Fludd*[44, 45] (PL. XXVI et XXVII-A); – une autre, similaire, apparaît dans une édition des œuvres de *Jacob Bœhme*.[46] Un texte traitant du même sujet se trouve dans J.v. Rijckenborgh, *La grande Révolution*.[47] – Cohausen apporte donc une version strictement scientifique, ensemble avec une autre, mythologico-alchimique, avec *Mercure* comme *Médiateur*, ce qui sur un plan supérieur correspond au *Christ*, voire au *Métatron* des Qabbalistes.

Les Éléments Primordiaux du Symbolisme

Commentaire à l'image mythologique (PL. XXVII-B.)*:*

L'inscription dans la Sphère dit: OIA IN OIB – *Omnia in Omnibus*, donc, Tout *[est] en Tout*; selon l'hermétique devise *hén to pàn* – ‛εν το παν – *l'un est aussi le tout*. – Autrement dit, tout se verse et se change l'un dans l'autre: *panta rhei* – c.à.d., les contraires ne sont jamais séparés, mais toujours liés et complémentaires (*Syzygoi*). C'est ce que démontre aussi le Point dans le Yin-Yang chinois: Toujours, en leur giron, les Ténèbres gardent une étincelle de Lumière – et la Lumière, un germe des Ténèbres. – Car *les deux* sont aussi *le Tout, l'Univers* ; – et sans *les deux*, rien ne serait!

Le *Dragon*, ou *Basilisque*, de cette image est le *Feu Vivifiant* ; son accouplement avec les *Eaux* sous la protection magique de *Mercure* rend possible le rayon de Lumière qui *vivifie* le Chaos, tombe sur la terre et la féconde. – *Vénus* tient le *cœur aux trois flammes* – pour l'ésotériste: les trois cavités supérieures du cœur qui animent les trois corps supérieurs humains: ‹*Manas*›, ‹*Buddhi*› et ‹*Atman*›; – donc les forces d'Uranus, de Neptune et de Pluton. – Là également, la symbolique alchimique correspond en tous les détails à la signification mystique.

5.12. Le Labyrinthe

Étroitement lié à la *Rose Noire* (voir p. 53), le *Labyrinthe* est la réponse imagée en forme d'une *matrice stylisée*, à la question de Nicodemus dans l'*Évangile de Jean* (3, 3-7). Les anciens Initiés disaient à bon droit: «Difficile est-il d'arriver dans le Labyrinthe – plus difficile encore, d'en sortir!» – Le *Labyrinthe* était aussi le lieu saint où se célébraient les *farandoles sacrées* populaires qui continuèrent longtemps leur existence dans les cotillons des *Bals* festifs, même à la Cour.[48]!

Le Labyrinthe de Knossos

Concernant le fameux *Labyrinthe de Chartres*, il est utile de noter – aussi étrange que cela puisse paraître – que toutes ses représentations graphiques sont fausses: Le centre n'en est pas une *boule* circulaire noire ou blanche: Le passage y est formé par un *Croissant de Lune couché* (Isis), voire le Hiéroglyphe 𓇳 appartenant à Sa divine sœur, *Nephtys* ![49] L'actuelle ‹boule noire› montrait jadis *Thésus luttant contre le Minotauros*. – Le Labyrinthe d'Amiens possédait même un *disque solaire en or*.[50] – Ce n'est que par une vue du haut de la coupole, que

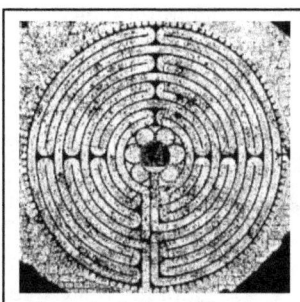

Le Labyrinthe de Chartres

l'observateur moderne peut apercevoir, à Chartres, une forme rappelant le *Chrisma* du *Culte de Mitras* (voir plus haut). – Vu ainsi, le Labyrinthe peut être reconnu aussi comme un symbole *christique*, quoique *pré-chrétien*[51] (voir aussi PL. XXI).

5.13. Le Caducée de Hermès et la Marotte des Fous

Le *Caducée*, en Grec κηρυκειον – *Kèrukeïon, bâton de Hérault*, est, à part l'*Ouroboros* – le *symbole hermétique* par excellence. On peut l'interpréter de bien des façons. La mythologie en fait surtout le signe de l'union des contraires par l'*action intelligente*: Lors de ses courses,

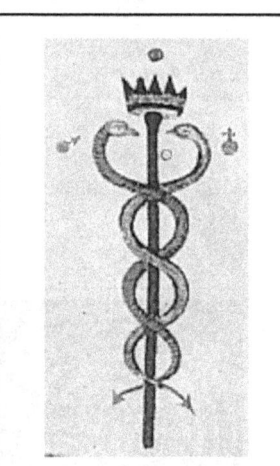

Le Caducée de Mercure.
(*Le Livre d'Abraham Juif*; MS. de 1772, Paris, B.N.)

Mercure, messager des Dieux, rencontra une couleuvre et une vipère luttant dans la poussière du chemin. Il jeta entre les deux champions le *bâton magique en or*, que lui avait fait don *Apollon*; – et aussitôt, tous les deux s'y enroulèrent paisiblement. La figure en résultant rappelle encore l'*Arbre des Séphiroth*. – Le tout, couronné par un *Globe Solaire ou une couronne d'or*, est souvent complété par une paire d'ailes: Ce sont les *ailes de l'Aigle*, animal symbolique de *Zeus-Jupitèr*, le père de *Hermès-Mercure*.

L'iconographie chrétienne a su dissimuler, discrètement, et par endroits, le *Caducée de Hermès* sous la *Marotte des Fous*: Une tige verticale surmontée d'un cercle couronné par deux cornes divergentes.[51A]

Que l'on ne confonde pas, d'ailleurs, le *Caducée de Hermès* avec le sceptre d'*Asclépios* – guérisseur divin des temps de l'Ancienne Égypte: Là, il s'agit du *Serpent Vert de la Vie*, lequel, noué sur une *Croix en Tau,* nous réapparaît (en *airain* – métal vert de *Vénus*) lors de la traversée du désert par *Moïse* et son peuple – symbole alchimique des plus parlants. Il est donc relié au *Christ* qui – étant lui-même un *Dragon* – octroie, Lui aussi, *guérison et Vie* (PL. XVI).

Or, d'aucuns voulaient voir, dans les *ailes du Caducée*, celles d'une *«Colombe se précipitant du haut»*; – mais les ailes du *Caducée* appartiennent à la dynamique de l'*élévation (Sublimatio)*. – Hermès est donc une préfiguration du *Christ Médiateur entre Terre et Ciel, entre l'Univers et Dieu*. – Le *Caducée* a, en plus, même été interprété comme un symbole sexuel! Ceci par pure méchanceté et bêtise; – quoique toute tige fait partie du contexte phallique de la fécondité. Et dans l'Alchimie opérative, les *Colombes de Diane* se relient aux *Sublimations*, ce qui, alchimiquement parlé, rapproche en effet, mais ne rend pas identique, les Colombes aux Aigles.

6. Un Mot sur la Symbolique des Chiffres

6.1. La Classique Symbolique des Nombres et des Lettres

Aux fondements du Symbolisme et de sa magie, appartiennent, depuis toujours, les *nombres et lettres de l'alphabet* (nous l'indiquâmes en parlant du *Point*). – Ce savoir fut soigné de la façon la plus approfondie, la plus détaillée et la plus consciente dans la Tradition de la Qabbalah judéo-chaldéenne (*Gématria*); – et quoique, surtout depuis le 19^{-e} siècle, de plus en plus de commentateurs ont offert des explications plus ou moins scientifiques et basées sur l'ésotérisme chrétien et hermétique, (*Numérologie*), ce domaine de la spéculation ésotérique reste réservé aux véritables Qabbalistes. Pareillement, l'*observation de soi-même* dans toutes ses nuances reste la spécialité traditionnelle des Soufis avec leurs *états* et *étapes*.[52, 52A] – Ainsi, chaque système de philosophie religieuse a son fort spécifique. – S'il était possible de *réunir* ces côtés forts de chaque Fraternité en *une seule orientation commune*, il en résulterait une poussée d'évolution si puissante, qu'en un rien de temps, l'humanité entière en serait élevée à des hauteurs spirituelles à peine concevables!

Et c'est, précisément, ce que les personnes au pouvoir mondain empêchent systématiquement! Cependant, chaque historien des Arts sait que la Symbolique des nombres et des lettres est intégrée dans de nombreux textes et tableaux – et surtout dans ceux traitant la Mythologie, la Théologie, et le Folklore (PLL. IV-VII). Mais les ésotéristes ‹modernes› eux aussi savent infuser discrètement leur savoir du Symbolisme dans leurs œuvres. Voilà l'éternelle continuité du Symbolisme à travers époques, cultures et nations, y compris la hiérarchie ecclésiastique ‹orthodoxe›.

6.2. Écritures secrètes

Sous ce titre, il faut penser à tous les *anagrammes, cryptogrammes, acrostiques, chiffrages, alphabets secrets* etc., tant chéris par l'Antiquité, le Moyen-Âge et la Renaissance (italienne; – PL. XVII, XXII.)[53] – En cet endroit, limitons-nous à reproduire cet échantillon de l'alphabet secret de Charlemagne.

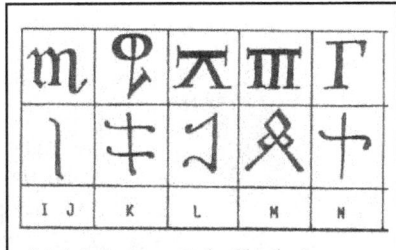

L'alphabet secret de Charlemagne.

7. LES QUATRE ROSES DE LA TRADITION HERMÉTIQUE

La *Rose* est particulièrement idoine à servir de symbole – et ce non seulement par la sympathie qu'a le Peuple pour elle (car elle est considérée comme une fleur *non pas de ce Monde*, mais apportée par les Dieux). De plus, elle réunit sur elle de nombreuses qualités dignes de cette ‹Fleur de la Sagesse›[54]: La diversité de sa forme et de ses couleurs, sa beauté, ensemble avec son association à des nombres vénérés, comme le *deux* (blanc et rouge), le *trois*, le *cinq* (famille des rosacées), le *sept*, le *neuf* et le *douze* (roses ‹nobles›). Mais à la base du symbole de la *Rose*, nous trouvons l'humble églantine (*rosa canina*) avec ses cinq modestes pétales en 'forme de cœur', dont la teinte devint un nom de couleur, comme celle du lilas. De plus, sa *fragrance* est une des plus fines que nous puissions percevoir dans toute la nature, et c'est à elle que la *Sagesse* fut souvent comparée – surtout en Orient, chez les Soufis.

La modeste églantine avec ses pétales en forme de cœur et son *cœur solaire*, est devenue l'effigie de la pureté et de l'humilité de l'âme. Elle est le point central de tant de contes, où la haine et la séparation sont vaincues, et la Lumière et l'Amour menés à la victoire, p.ex. *Blanche-Neige et les Sept Nains; La Belle au Bois Dormant;* – et bien sûr les contes perses et turcs – entres autres dans les contes des *«Mille et une Nuits»*.[54A]

La *Rose* est venue dans nos régions depuis l'*Orient* – proprement dit: de la *Perse Antique* (l'*Assyrie*), pays des roses par excellence; et on pourrait en dire autant pour tout l'ésotérisme occidental, si l'on voulait négliger un petit reste de *Druidisme* que le Sort sauvegarda, malgré les Romains d'il y a plus de 2000 ans (quand J. César envahit la Gaule pour abolir presque complètement la Tradition Celtique) – et malgré la «christianisation» des siècles successifs. – La *Rose* apparaît également dans d'autres traditions assyro-babyloniennes, puis turques, comme le *Soufisme*; mais nulle part aussi clairement qu'au *Soufisme persan*. Et c'est aussi la *Perse*, l'origine de la *Tradition du Graal des Chevaliers arabes pré-islamiques*, venue à nous grâce aux *Templiers* (comp. *Condwiramur*).[54B]

LES QUATRE ROSES HERMÉTIQUES

La Tradition *héraldique* connaît trois couleurs principales: Le *Noir* (*Sable*), le *Blanc* (*Argent*), et le *Rouge* (*Gueule*); – voir le fameux conte de *Blanche-Neige*. Voilà pourquoi tant de drapeaux et d'écussons sont tenus en ces couleurs: Jadis, celle de Prusse, puis, celle de Hollande et celle de la France: Le *Noir*, le *Bleu* et l'*Indigo* sont héraldiquement équivalents – mais non pas avec l'*Azur*.[55, 55A]

7.1. *La Rose Noire* est l'un des symboles de *Vénus*, donc de la *Déesse Mère*. *Vénus* est aussi nommée *Kypris*. L'Étymologie de cet aponyme s'étend de la fleur ‹blanche› de l'*olivier* jusqu'au *Bouc Noir*. La patrie mythologique de Vénus, c'est la *Chypre*, où l'*airain de cuivre noir* était fouillé; – et c'est pourquoi *Vénus* est également liée à l'Alchimie opérative, où la composante matérielle «féminine» apparaît une fois *noire* (mère primitive de la *Pierre Philosophale*), une fois *verte* (le *fruit immature* du *Vitriol*). La *Vénus* des Alchimistes s'associe aussi aux *Eaux Célestes*; et sa couleur *verte* a servi à teindre les drapeaux et écussons tricolores (Italie, quelques pays arabes et africains, Mexique, etc.) – et celui de l'*Islām*. Eux tous sont ‹lunaires›, donc orientés vers *La Mère*.

Rose noire, symbole de Vénus (R. Fludd, 1629.)

C'est ainsi que la *Rose Noire* est connectée à la *Grande Mère* – et c'est l'un des plus profonds secrets des anciennes Traditions (que l'on se rappelle seulement le dicton *«sub Rosa»* – c.à.d., *«caché sous le voile des Mystères»*). Aussi, la représentation imagée de la *Rose Noire* est archi-rare, voire extrêmement discrète (tableaux de Rembrandt, Cranach, Holbein, et le ‹Maître des Girofles›); – mais nous sommes dans l'impossibilité d'en citer une mention verbale.

La couleur *noire* ou *indigo* comme teinture du *manteau de la Déesse Mère* par contre, est très courante dans les représentations des *Vierges Noires* – *Isis*, ou la *Vierge Éternellement Enceinte* – *«Virgo paritura»*, ou *«Mater Deorum semper virgo»* (voir également la *Litanie de la Vierge* du *Missel Romain*)[56]. – C'est Elle la Déesse la plus vénérée par le Peuple de jadis. Aussi fut-elle intégrée, quoique très tardivement, au panthéon ‹chrétien›. Les ‹imaigiers› et sculpteurs gothiques aimaient représenter presque toute ‹Dame› au ventre bombé. – La *Dame*, ou *Die*, est le nom de la *Vénus-Isis-Sophia* des chansons des Trouvères occitans. Là-bas, les paysans jurent toujours et encore *«par Die!»* (PL. XXX). – Une pièce pour piano d'*Éric Satie*, utilisant presque exclusivement les *touches noires*, est nommée d'après Elle. – Et tout le monde connaît le nom de *Lilith* – mais pas sa signification ...[57]

Le symbole de la *Rose Noire a également fourni le manteau bleu*, soit *indigo* ou *noir*, de ‹Marie, mère de Jésus›. Ce qui démontre que la religion papale n'est, en réalité, qu'un *Culte d'Isis ou de Vénus*! L'intérieur *rouge* de ce manteau (la robe *intérieure*) nous dirige vers l'échelon d'évolution spirituelle de la *Madeleine* comme partenaire (*syzygos!*) de *Jésus*; – elle qui, évidemment, est plus élevée que la mère de Jésus: De souche aussi noble qu'elle, elle est par contre plus pure, plus sage, et plus forte. Aussi, la *Madeleine* est – pour ainsi dire – une ‹Sœur› de *Sophia*. Tout cela doit être compris symboliquement et mythologiquement à la fois.

7.2. La Rose Blanche – héraldiquement: celle *d'argent* – est reliée ésotériquement (comme la *Fleur de Lys* de *Maria*), d'un côté à la *pureté de l'âme*, du cœur et de l'attitude de vie. Et il est permis de penser que la *blanche Fleur de Lys* puisse être une allusion, selon la Cabale phonétique (‹sub Rosa›), à la noire *Lilith* ...

Lohengrin est *'le sot à l'âme pure'*. Aussi, le *cygne blanc* devient son symbole.[58] Les *Blancs de Florence* était une Fraternité de Rose-Croix proches des Cathares (καθαρος – *pur*) et des Templiers (manteau blanc), qui sont, eux, l'exemple le plus noble, et le plus méconnu en même temps.[59] Dans l'Alchimie, la ‹*Blancheur*› est une étape de sublime pureté – de façon qu'elle est de même appelée *le Ciel* (PL. XXXI). Et un autre nom de cette même étape, ce sont ‹*les Colombes de Diane*›.

La céleste «Eau de la Vie» est ressentie, au sens purement spirituel, du moins aussi intensément que l'eau élémentaire tombant d'en haut sur cette image.

Ailleurs, la *Rose Blanche* est comprise aussi comme le Blanc né de la totalité des couleurs du spectre de la lumière visible, car l'ésotérisme distingue sept couleurs. Ces sept couleurs sont analogues aux *Sept Esprits auprès du Trône de Dieu* de l'Apocalypse – aux sept *sons principaux de l'Octave* (depuis Pythagore, au plus tard) – aux classiques *Sept Planètes* (y compris le Soleil et la Lune) – et aux *Sept Voyelles*.[60] Et les explications au ‹*Grand Oeaohoo*› des *Stances de Dzian* par H.P. Blavatsky, au premier tome de son œuvre *Secret Doctrine*, vont dans le même sens.[61] L'ésotérisme moderne parle également de *sept rayons cosmiques*, voire *universels*, qui correspondraient aux sept émanations du septuple Esprit divin. Concept réanimé à la fin du 19ᵉ siècle par des *Théosophes* comme Leadbeater et Meads, évolué par l'*Anthroposophie* de R. Steiner, et intégré, depuis le mouvement Rosecroix de *Max Heindel*, dans tous les systèmes de la pensée et de la tradition ésotériques.[62]

7.3. *La Rose Rouge* peut être vue comme un échelon de transition pour qui aspire à la Perfection: L'éminent Adepte de la *Pierre Philosophale*, Basile Valentin, représente, dans ses *Douze Clefs de la Phylosophie*, un vase ou pot, duquel émergent deux roses – évidemment l'une *blanche*, et l'autre, *rouge*. Ce sont les deux formes de la *Pierre Philosophale physique*: la ‹Pierre au Blanc› et la ‹Pierre au Rouge›. La première, c'est la *Médecine Universelle* pour toutes les espèces des quatre règnes: minéral, végétal, animal et humain. De plus, c'est elle à l'origine des *'Lampes Éternelles'* du Saint des Saints antique, dont à notre époque furent trouvés par des archéologues quelques exemplaires dans des tombeaux et des Pyramides. Voulant savoir ce qu'il y avait à l'intérieur, ils les cassèrent, pour trouver ... – plus rien! Car, l'‹Élixir› n'est plus qu'un *pur Esprit sans fixité* – et celui-ci s'envole, dès qu'on ouvre la ‹Dive bouteille›.[62A] – Réalité qui se reflète dans plusieurs contes orientaux parlant d'un ‹esprit en bouteille›, et qui ne furent jamais interprétés sérieusement.[63]

Symbolisme maçonnique: Le Pélican «verse» son sang pour ses petits, comme fait le Christ pour le Monde et l'Humanité.

Au plan métaphysique, la *Rose Rouge* correspond à *l'âme éveillée* qui a atteint le *contact avec l'Esprit*. Symboliquement parlé, l'‹avantage› en est que le *Rouge* et *l'Or* sont héraldiquement équivalents, et que *l'Or* a le même symbole ☉ que le *Soleil*. (PL. XVIII).

Le Candidat qui a *«reçu la Rose Rouge»*, porte ainsi déjà en lui le bourgeon de la *Rose d'Or de la Perfection* – donc de la véritable *Transfiguration*. Cette dernière est le Mystère le plus sublime et dont on ne peut dire presque rien du tout.

Une interprétation encore plus mystique de la *Rose Rouge*, c'est sa connexion au *sang*, et surtout à l'«*épanchement du sang»*, ou des *gouttes de sang*, ce qui indique le chemin de la Préparation du Novice: L'épuration du sang, qui lui ouvrira le Chemin pour devenir un *Homme Divin* né de l'auto-initiation. L'expression de *«auto-initiation»* veut indiquer l'*effort* qui rend le candidat apte à recevoir la *Grâce divine*: D'un *Cratère* qui reçoit l'épanchement universel de l'Esprit, il devient ensuite un *Graal* (voir plus loin) qui de son côté répand la Lumière, étant alors *uni à l'Esprit*; – ou alors, et comme disent les Textes: pour être enlevé plus tard de la Terre, et élevé vers Dieu par l'Apothéose, comme Énoch, Héraclès, Élias, et Jésus le Christ.

C'est ici qu'entre en jeu le parallèle au *Mythe de la Passion* de la Chrétienté que les mouvements gnostico-chrétiens mirent en relation directe avec le *processus de l'auto-initiation*: Le Candidat est vu – pareil à la philosophie des Soufis – comme un *voyageur* ou *pèlerin* qui progresse sur son *Chemin de la Croix*, tandis que, mystiquement dit, il *«perd»* – ou *«donne»* – son sang de nature basse de ce monde, afin de ‹mourir› aux points de vue terrestres, et d'acquérir un ‹sang renouvelé›.[64] Le texte biblique grec ne dit pas vie – ζωη, mais âme; conformément au נפש – *nephesh* hébreu: L'*Âme vivant selon la Nature* (Gen. 2, 7). *Les blessures du Jésus* de la Passion chrétienne correspondent à des centres de force, voire à des *chacres* du corps humain. La *Couronne de Roses* peut être vue, en ce sens, comme le chacre correspondant à la *Couronne d'Épines du Crucifié*. – Les gouttes de sang de Jésus, dépeintes en un surréalisme souvent dégoûtant, veulent, d'un côté, indiquer cette ‹perte de sang› du Candidat, et de l'autre, l'*instillation éthérique* à la Terre, du *«Sang du Christ qui purifie le Monde de tous les péchés»*. – Ce n'est pas ici l'endroit de traiter en tous détails cette symbolique abondamment riche, et profonde.

Le symboliste averti ne sera pas sans s'en apercevoir: Si le Christ crucifié à la tête baissée – *«Christus Patiens»* – ressemble à la forme féminine du **Y**, le *«Christus Triumphans»* – à la tête haute – ressemble au *sigle magique de Vénus* tel qu'il se trouve dans la *Occulta Philosophia* de H.C. Agrippa de Nettesheim – première œuvre scientifique, complète et systématique traitant de la Tradition ésotérique occulte.[65] D'ailleurs, l'expression d'*occulte* n'a, en soi, rien de négatif: Elle veut dire: *caché*, c.à.d. ‹*accessible et compréhensible uniquement pour l'Initié*›. – Ce signe s'apparente à la *Rune Ylhaz*, qui, graphiquement prend une position intermédiaire: Cette Rune signifiant, entre autre, *Élévation, Apothéose*, et donc *Transfiguration*, se trouve, curieusement intégrée dans une croix du 18-e (?) siècle, au milieu d'une couronne d'épines placée en guise de *Rose* sur le croisement des deux poutres de la croix! Croix forgée en fer, à la place d'une croix en pierre placée sur l'un de ces socles typiques posés, par les Templiers du 13⁻ᵉ siècle, près de leurs lieux sacrés.

Rune Ylhaz dans la Rose-Croix Occitane.

7.4. *La Rose d'Or* représente la perfection de l'évolution spirituelle du Microcosme: C'est l'‹*Or Spirituel*› des anciens Rose-Croix. Si la *Rose Rouge* correspond à un niveau de perfection *humaine* – donc toujours *mortelle*, la *Rose d'Or* est synonyme d'*immortalité*. (Pl. XVIII). – On pourrait voir, entre les deux, l'échelon de la *Rose d'Argent* qui, exprimé en langage symbolique, correspondrait au *Graal*. C'est à quoi firent allusion les *Cathares* des 12⁻ᵉ et 13⁻ᵉ siècles, qui nommaient leurs Initiés *les Parfaicts* – du latin *perfecti* (au cas des femmes: *perfectæ*). – Héraldiquement, nous le disions plus en haut, l'*Argent* est équivalent au *Blanc*.

La Rose d'Or

7.5. *La Rose-Croix – Spécialité du Symbolisme des Roses*

Selon certains archéologues, la Fraternité des *Rose-Croix* aurait existé depuis l'Ancienne Égypte; – selon d'aucuns même *«depuis Adam»*. Si l'on voulait bien fonder cette prétention qui est également avancée par les Francs-Maçons, les Templiers et par d'autres groupements similaires, il faudrait étaler la multitude des significations du nom d'*Adam*, avec toutes ses analogies et interprétations, ce qui dans le cadre présent est hors de question.

Le *symbole de la Rose-Croix*, lui, apparaît en de formes très diverses, selon le grand nombre de groupes et de groupements se parant de ce nom – sans parler du *Grade de Rose-Croix* qu'ont instauré les *Francs-Maçons des Hauts Grades du Rite Écossais*. – Or, au lieu d'énumérer pêle-mêle tous les groupes Rose-Croix, contentons-nous ici de la définition lexicographique qu'un personnage presque étranger à la question formula en neutralité exemplaire[66]:

«ROSE-CROIX: La *Rose* comme symbole de la *Renaissance* connectée à la *Croix*, en résonnance avec l'idée de la *Crucifixion* et de la *Résurrection*, est un symbole spécifiquement chrétien. Tous les Hauts Grades Maçonniques basés sur la R. ont, à leur origine, la même signification. Le plus bel emploi poétique de la R. se trouve dans le poème de Gœthe, *Les Secrets*. Au centre de cette poésie, se trouve un personnage du nom *Humanus* mis en relation avec une Fraternité d'hommes qui vénèrent une croix enlacée de roses:

> *Qui est-ce qui à la **Croix** a associé la **Rose**?*
> *La **Couronne** se gonfle pour que de tous côtés*
> *le bois rugueux par la douceur soit entouré.*
> *Au ciel, légèrement, des **nuées argentées** planent,*
> *afin qu'avec la **Croix aux Roses** ils surgissent; –*
> *et du **Milieu** une Vie sacrée émane*
> *de **rayons triples** qui **d'un Point central** jaillissent.* »

Le Point est un éponyme de la Sephirah *Kéthèr*; – les **nuées argentées** au ciel nous rappellent le *voile d'Isis*; – le **Milieu** ou **Centre** évoque le *Ayn-Soph*; – la ‹**Couronne aux Roses**› a déjà été commentée suffisamment. Que Gœthe fut aussi Qabbaliste, le drame de *Faust* le prouve. Les douze *«rayons triples jaillissant d'un point central»* (celui du *'Soleil'*), nous les retrouvons dans la *Theosophia Practica* de J.G. Gichtel, que Gœthe connaissait sans doute.[67]

Les *Rose-Croix modernes*, depuis environ 1900 partent de *Max Heindel*, et donnent à cette symbolique le sens qu'en abrégé nous rendons à la base des *Manifestes RC classiques* du 17-e siècle, avec en vue un *Nouvel Ordre Du Monde* marqué par la spiritualité et l'amour fraternels.[68] – Le pivot de cette doctrine, comme pour toute religion pure, (donc le Druidisme, le Bouddhisme, les *Livres de l'Am-Duāt* égyptien, les Mystères grecs, les enseignements des premiers Chrétiens, Gnostiques, Qabbalistes judéo-chaldéens, des Soufis, Quiché etc.), c'est la *Rédemption définitive de l'Humanité* – le *rachat de la Roue des naissances et des trépas*, avec au cœur de l'enseignement l'éternelle *doctrine de la transformation* de l'homme mondain en *Nouvel Homme Divin*.[69, 69A]

L'«Homme Céleste» chez J.G. Gichtel (1696).

C'est la dernière étape du processus de la *Transfiguration* (exprimée

LES QUATRE ROSES HERMÉTIQUES

dans l'Évangile *à peu près* par l'*Ascension de Jésus*). Les Rose-Croix classiques définissaient ce processus comme ceci: Être *«nés en Dieu – morts en Jésus – renés par l'Esprit-Saint. – In Deo nascimur – in Jesu Christo morimur – ex Spiritu Sancto reviviscimus»*.

7.6. Un sommaire de l'interprétation des quatre Roses pourrait être donnée comme suit: La *Rose Noire* correspond à l'homme mondain inconscient: C'est lui (en analogie à l'Alchimie) la *«Matière Première noire et puante»* – la substance matrice qui entre dans le processus. À lui, la *Rose Blanche* est offerte: Celle de l'âme «née de Dieu», à la biblique ‹Renaissance par l'Eau›. Une fois acquise, il s'agit de *«fixer cette Rose sur la Croix»* (de «mourir», voir ci-dessus): C'est l'*Imitation du Christ* avec son *«Chemin de la Croix»*, par lequel la *Rose Blanche* se teinte de *Rouge*. Le Lys en rouge et blanc des *Éclaireurs* semble indiquer ce processus. Le couronnement de cette étape, on pourrait l'appeler, en raccourci, la ‹Renaissance par l'Esprit›. – Renaissance qui a comme effet la liaison directe entre le Candidat et la Lumière. Au cours de la transformation suivante selon l'âme, l'esprit et le corps – transformation effectuée *par le Feu* – surgit l'*Homme Nouveau* qui est symbolisé par la *Rose d'Or*. Son microcosme, libéré définitivement du Monde sublunaire, s'élèvera à des niveaux plus hauts et divins – ou alors il se vouera au service continu pour l'humanité terrestre: Il est devenu un être complètement spirituel. – Uni à Dieu, il retourne à son origine (selon que s'expriment les divers mouvements transfiguristiques): Vers la Maison du Père, aux régions célestes, qui n'ont rien en commun avec l'*Au-delà* – cette région pour la préparation du microcosme à une nouvelle vie terrestre – à un nouveau *«circuit de la naissance au cercueil»*.

Il existe d'ailleurs, dans le Midi, des Croix sans un Crucifié, du centre desquelles montent en biais deux broches, de chaque côté une – ce qui produit le susdit sigle magique de *Vénus*, sans aucune ambigüité. Le geste du Crucifié, s'il y en a, ressemble toujours au **Y** – glyphe *féminine* et celle du *Graal* – voire de la *Rune Ylhaz* (voir ci-dessus). Voilà pourquoi les ‹crucifixes› courants ne sont pas en forme de la plus historique ‹croix en Tau› grecque, ni en forme du

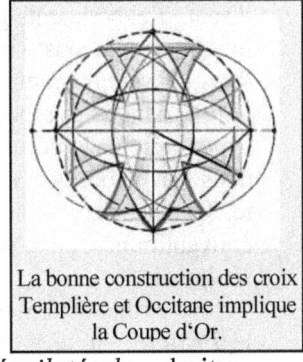
La bonne construction des croix Templière et Occitane implique la Coupe d'Or.

celtique gibet, Y, mais en celle de la *croix équilatérale* – droite ou couchée – ✚ ou ✖ – des premiers Chrétiens. À elle aussi, les ésotéristes modernes donnent une signification reliée à la Transformation et à la Transfiguration. La *Croix Latine* ✝ reprend cette glyphe – ensemble avec la possibilité de son inversion ou *perversion* (tête-bêche, reliée aux ‹Cultes du Diable›) ce qui, et c'est très signifiant, supporte la légende de «Pierre crucifié tête-bêche» – lui qui en réalité mourut à Babylone – et pas du tout par martyre, mais plutôt au lit (voir la citation d'après H.P. Blavatsky, au chapitre 1.3 ci-dessus). Une forme très ancienne de la *Rose-Croix* se présente en la *Croix, dite celtique* avec, à la place de la *Rose*, un *Cercle* plus ou moins large: préfiguration du caractère *solaire* du Christ (voir ci-contre). Les deux emblèmes sont (voir la *Tabula Smaragdina* de Hermès Trismégistos): *Héraldiquement* à droite, le *Père*, ☉, à gauche, la *Mère*, ☽, *au milieu*, l'Orbite de la *Planète Vénus*, et en bas, le Losange de la *Grande Déesse* (voir PL. XXXIII, p. 96).

La *Croix équilatérale*, dite *Celtique* : une *Roue Solaire* harmonieuse.

8. LE BESTIAIRE SACRÉ

Le *Bestiaire Symbolique* est extrêmement riche.[70] Bêtes aquatiques, quadrupèdes, oiseaux et divers êtres fabuleux (‹monstres›) indiquent – selon leur coloris – les diverses forces dans l'Univers et dans l'Homme (microcosme)[71]. Ainsi, les forces de Nature et les démons furent dépeints sous forme d'animaux – possiblement en ‹mémoire› d'êtres mixtes réels de l'Atlantide et, comme d'aucuns disent, d'expériments génétiques de cette époque-là. Les mêmes formes et associations – mentales, astrales et éthériques – qui circulent dans le système humain, se trouvent aussi bien, selon la *loi des analogies*, dans le Symbolisme universel des peuples et cultures de tous les temps: sur le domaine profane aussi bien que dans l'art sacré; – dans la Symbolique abstraite aussi bien que dans l'imagerie concrète. Tous les deux se servent d'une multitude de motifs et d'éléments conventionnés, p.ex. pour l'art de l'illumination de livres, et pour la sculpture.

Nous avons déjà mentionné quelques symboles éminents comme le *Priapus*, l'*Ouroboros*, l'*Aigle*, la *Colombe* ; – la *Licorne* et le *Capricorne* (PLL. III, XXXI) suivront au chapitre 9 ci-après. Les mêmes symboles se retrouvent dans les livres des ‹Prophètes› bibliques, dans les contes et mythes, et parmi les ‹*figures*› *de* l'Héraldique. D'entre la multitude de ces figures, donnons, ici, un exemple des plus connus: le *Griffon*.

8.1. Le Rôle prépondérant du Griffon dans l'Alchimie

Dragon, Basilisque et Griffon, ou *Gryphon* : Pour l'hermétiste, il n'y a guère de différences entre ces trois grands représentants du bestiaire symbolique; – mais dans le *Grand Œuvre* alchimique ils ont des fonctions et effets quelque peu différents. Le *Dragon* s'approche plus de la nature du Feu, le *Basilisque* plus de l'Eau, et le Gryphon plutôt de la *nature de l'Air*. Concernant le Gryphon, Fulcanelli en son *Mystère des Cathédrales* nous apprend, ceci:

La *Croix Latine de Rome* et la *Croix Celtique*, panachées pour donner le sigle de l'*Opus Dei*.

> «Ce monstre mythologique dont la tête et la poitrine sont celles de l'*aigle*, et qui emprunte au *lion* le reste du corps, initie l'investigateur aux qualités contraires qu'il faut nécessairement assembler dans la matière philosophale {allégorie pour le Candidat sur le Chemin} ... La série d'opérations dont l'ensemble aboutit à l'union intime du soufre avec le mercure {Feu et Eau, Homme et Femme} ... (fait) que le mercure exalté se dépouille de ses parties grossières et terrestres, de son humidité superflue ... selon l'expression hermétique, c'est *faire sortir la Lumière du tombeau et la porter à la surface* ... »[72]. –

À part le *Griffon* ou *Dragon*, nous trouvons, dans *Les Demeures Philosophales* – la deuxième œuvre écrite de Fulcanelli – la *Salamandre*.[73] Parmi les acteurs principaux du Grand Œuvre alchimique, c'est elle la plus grande et qui a, dans le Symbolisme de la philosophie transfiguristique, son pendant le plus précis.

Par des raisons de Symbolisme dont ici nous omettons les détails, le *Griffon* et le *Basilisque* – des *Dragons volants*, tous les deux – sont plus proches de l'Eau, et le *Dragon rampant* plus proche du Feu ; – mais les deux sont présents en tous les trois – et vice-versa. La même chose n'est pas vraie pour le *Serpent*. – Des *Ailes* indiquent toujours le *Feu* et la *volatilité* : *«L'Esprit souffle où il veut»* ! Et toute apparente contradiction dans ces remarques est *traditionnellement voulue* ...

Au *Gryphon*, l'Alchimie unit le *Lion*, le *Dauphin*, le *Cygne*, le *Cheval*, sans oublier le *Chien*, *le Chat* et le *Coq* (que l'on se rappelle les *Musiciens de Brème* du conte des Frères Perrault qui les réunit).

8.2. Le Bestiaire et la Symbolique des Contes

Pour en rester à l'exemple du *Griffon, citons* le **Conte de l'Oiseau Griffon**; – conte des *Frères Perrault* de l'an 1837, qui puise d'un original des *Frères Grimm* de 1814, relaté en un dialecte *Alémanique*, donc *Celtique et clairement préchrétien*. C'est un conte on ne peut plus hermétique; et il réunit les détails suivants:[74]

- Les *Pommes d'Or des Hespérides* (gardées, dans la Mythologie grecque, par un *Dragon*)
- La *Venus-Jagd* – ‹*Chasse de Vénus*›, représentée dans les *œuvres de Basile Valentin* par *trois lièvres*, à partir 1637.[75]
- *La fixation du volatil* (les lièvres ramenés au château; – et l'extirpation d'une plume de la queue du Griffon, qui rappelle bien sûr le conte russe de l'*Oiseau de Feu* – ce ballet fabuleux d'Igor Stravinsky).
- Les dons reliés à l'acquisition de la *Pierre Philosophale*: *omniscience, prospérité, santé et longue vie*.

Le *Griffon*, ici, apparaît comme l'Omniscient jaloux (יהוה, la Sephirah *Binah*). Les *trois réponses* correspondent aux *trois Travaux* de l'Œuvre alchimique, et aux trois dons susdits. – Réponses que donne le ‹*frère le plus petit*› – le *Parvulus* biblique. Réponses qui lui permettent de rencontrer la *Princesse* d'abord *malade* et par la suite guérie par lui. Mais ceci ne suffit pas: Il faut, à part la revivification de l'*Âme*, encore *être digne* du ‹*Mariage Sacré*› de l'*Âme-Esprit* hermétique.

Que le Griffon *boufferait des Chrétiens* s'il pouvait s'en emparer, c'est une menace nulle part réalisée et qui pourrait sortir d'une expression païenne et par la suite christianisée, concernant le *Feu d'Esprit*. Mais cette menace est annulée, grâce à la rescousse de l'épouse ('chrétienne'??) du Griffon – la *Sagesse* (la Sephirah *Chokmah*) – qui procure au chercheur le savoir, et au conte sa *Bonne Fin*. À croire que le Griffon se nourrisse formellement et systématiquement de Chrétiens, serait complètement inadéquat – surtout en vue de l'origine susdite de ce conte: – Les contes, comme tout Symbolisme, ne prennent égard ni aux idéologies, ni aux races – ni ne sont-ils soumis à quelque ‹orthodoxie›: Ils sont des figurations libres, universelles, intemporelles, et neutres.

8.3. L'impact pour la Philosophie Religieuse

Dragon, Basilisque et *Griffon* symbolisent le *feu de la Sagesse Divine*, qui *donne et reprend* la vie (voir aussi les *«deux glaives»* des Maîtres du Zen).[76] Le Chercheur sincère est guidé par lui vers la ‹*Bonne Fin*› (comp. PL. XXIX).

Sur cet antique boîtier de montre, le Dragon Solaire domine le Zodiaque entier.

Et c'est un rôle semblable qu'occupe le fabuleux *Griffon* dans la série de romans de *Harry Potter*, où abonde le savoir d'Initiés. Et c'est dans la même œuvre (T. II) qu'on trouvera que quiconque voit l'œil du *Basilisque* (qui, là, est spécialement lié à l'*Eau*), se pétrifie. Ceci ressemble à la tradition du *Pentateuque*, où quiconque verrait Dieu directement *en face*, sans la Flamme comme intermédiaire, serait brûlé par elle. – L'*œil du Basilisque* est un symbole du *Feu Solaire* : ☉ !

Pour le *holocauste* – dans la Bible autant que pour l'Alchimie et l'antique tradition des Mystères – voici que joue un rôle prépondérant un animal dont – et ici réellement – le *Basilisque* et aussi l'*Aigle* ‹*se nourrissent de préférence*› : C'est le *Bélier* – ou, plus spécialement, l'*Agneau*. – Le *Bélier* lui aussi est une *bête solaire*: C'est lui qui ouvre l'année solaire lors de l'équinoxe de printemps, et ainsi marque le début du cycle de fécondité de la Nature.

Le latin *agnus* pour le petit du mouton, vient du Hindouisme, où *Agni* est le Feu Sacré du Temple (en son sens solaire) – ou bien, exprimé de façon moderne: le *Feu de l'Esprit*. Et c'est donc nullement par hasard que le biblique *Jésus* (*jès* – hébr. *feu*) est sacrifié à Pâques (première *Lune Pleine* après le solstice de printemps), comme étant l'*Agneau de Dieu*. – Sacrifice qui consiste en ce que (encore selon la *Qabbalah*) le Feu d'Esprit – l' «Esprit Saint», le Logos, et donc Dieu Lui-même – par la suite de manifestations de plus en plus épaisses – descend des Hauteurs de *Kéthèr* jusqu'à la terrestre *Malkut*, pour être «crucifié» par les quatre éléments de la Matière: ✚, c.à.d., *incarné*. Voilà la véritable origine du drame christique qui doit se dérouler *dans chaque humain* – indépendamment de la religion qu'il confesse – afin que le Monde soit empli réellement, et globalement – ‹*katholikè*› – de *Lumière*, de *Vérité* et de *Vie*. Les Mystères de Dionysos avec leur *Bacchus* – Enfant Solaire descendu du Ciel – et les Mystères du *Sol Invictus* (Mitra, apparu à l'Inde antique, à côté de *Varuna* auréolé de Lumière, comme *Isis* et la *Marie* de l'Église de Rome), ne proclament rien d'autre ...[77]

8.4. Interprétations par des Illuministes

L'Humain moderne a tout oublié des fables, mythes, contes et symboles. Mais en même temps, il lui est impossible de vivre sans eux. Aussi, les interprétations les plus insensées sont offertes de nos jours: souvent négatives, rarement agressives, mais la plupart par ignorance plus ou moins complète. Quelqu'un a même assuré publiquement, que la figure du *Griffon* était «probablement tirée du *Dinosaure Protoceratops*»; – ‹interprétation› vraiment dénuée de tout fondement intelligent: Le sacral symbole du *Gryphon apparaît* à partir de 5500 av. Chr. *au plus tard* (Sabah, Babylon, la Perse du Zoroastre etc.) – sans interruption jusqu'à aujourd'hui, et en Occident surtout pendant la Renaissance Italienne. Par contre, ce n'est que la seule science académique qui parle de *Dinosaures*!

Et il est aussi vulgaire de faire de *Vénus* et de *Hat-Hor* de simples ‹déesses de l'amour›, par oubli complet de leur *pouvoir universel*.

8.5. Idéologie et Neutralité des Symboles

Le Symbolisme pur ne connaît ni idéologie ni racisme. Le ‹*Bouffeur de Chrétiens*› par contre, réapparaît vraiment dans les légendes du *Moyen-Âge*, où *Saturne* qui selon le mythe hermétique *dévore ses enfants*, fut interprété, sous l'idéologie de l'antisémitisme chrétien, comme un Juif *dévorant des enfants chrétiens*. – De là, la polémique par respect à la «*Fontaine du Bouffeur d'Enfants*» à Berne (Suisse) qui, interprétée par d'aucuns comme ‹*Fontaine des Juifs*›, est vraiment une *Fontaine de Saturne*, ornée de maints détails conformes, et motivée purement par l'hermétisme: Le manque d'identité, l'aveuglement idéologique et l'*ignorance pullulante* des Modernes, *prennent insensiblement* ‹*à la lettre*› les vieux symboles.

Cependant, les symboles peuvent être pervertis et mis au service d'une idéologie contraire, comme c'est le cas pour la *Croix Latine* (*tête bêche* comme ‹signe du Diable› – Pierre!) – et pour la *Swastika* (la rotation inversée prône les *Ténèbres* au lieu de la *Lumière*).

8.6. L'Univers des Êtres mixtes

À part les éléments symboliques *abstraits* et le bestiaire esquissé ci-dessus, il y a le *Symbolisme des paraboles et allégories* qui, dans les mœurs, mythes et contes populaires, dans les écritures sacrées comme dans l'iconographie et la sculpture, offre une large variété d'êtres végétaux ou animaux; d'autres, mixtes, moitié bête, moitié humain (Centaures) – ou encore semi-humains et semi-divins (Héros). Parmi ces êtres mixtes nous trouvons notamment les ‹Démons› dont l'iconographie ‹chrétienne› et les Dogmes de l'Église de Rome construisirent leur *cauchemar d'Enfer*. – Que l'on se rappelle seulement les gravures des Durer, Rembrandt, Urs Graf; – les tableaux des Cranach, Holbein et compagnie, dans les églises gothiques, celles de la Renaissance et du Baroque; – de même, les *gargoyles* à Notre-Dame de Paris, et ainsi de suite.

8.7. Esprits et Démons

'Eudaïmon' PAZUZU (Babylone)

À leur origine, *les Démons* (du grec δαημων → δαιμον – daïmon) ne sont que des *forces spirituelles se manifestant de manière sensible, et parfois, visible*. On pourrait même les appeler des *Esprits de Force* ou simplement, des *Esprits de Nature* qui ont, comme toute manifestation physique ou métaphysique de ce Monde, un caractère positif (en grec: e*udaïmones*) ou négatif (en grec: *kakodaimones*) – et souvent tous les deux, comme les deux faces d'une médaille.

Les expressions ‹bon› et ‹mauvais› donnent encore lieu à des disputes: Le texte biblique dit (1 Mo 3, 4-6): *«Et le Serpent dit à la Femme: „vous ne mourrez nullement – mais Dieu sait que le jour où vous en mangerez, vos yeux seront ouverts, et vous serez comme des Dieux, sachant le bien et le mal" ... »* –

Mais *l'Évangile de Paix des Esséniens* dit au contraire: *«Et la Loi, le Créateur, dit: Voici que l'Homme n'est plus comme Nous, car il distingue [maintenant] le Bon et le Mauvais, et il ne pourra plus étendre sa main et récolter également de l'Arbre de la Vie, et manger de ses fruits, et avoir la vie éternelle ...».*[78]

C'est que la distinction du ‹Bien› et du ‹Mal› implique aussi des pensées négatives – malignes et hostiles – comme *l'envie, le désir démesuré, la jalousie* etc. – et avec elles, d'après les anciennes Traditions, *«la Mort vint dans le Monde»*. La critique négative et la peur font naître la haine, la séparation, l'anxiété – et encore plus de peur. – Les affirmations positives présupposent la *compréhension positive* – la compréhension positive rend possible *l'Amour* – l'*Amour* est *Vie* et engendre la *Vie Nouvelle*. Mais la *haine* n'engendre que *la Mort*.

8.8. Diabolos – le *"Diable"*, ainsi appelé

Les *kakodaïmonès* – les ‹*mauvais esprits*› – sont dominés par le ‹*Diable*› qui, dans l'Église de Rome, occupe la place la plus haute:

Celle-ci fit de *Lucifer* – verbalement: *Porteur de Lumière*, l'*Étoile du Matin* – le *Père de tous les Diables*. – *Beelzebu(b)*, l'originel *Seigneur de Lumière* (*Beel* – *Seigneur*, et *sab-* – *Lumière*), devint (selon l'arabe *zeb* – *phallus*) le *Grand Putassier* abominé. Du *Diabolos*, l'Église fit le *Précipité du Haut*. Mais au Midi, le juron *«Diable!»* veut évoquer le *Dieu Abélio* – *Apollon* ! – *Et les anciens Gnostiques* placèrent le même *Diabolos* {*Di* – *Dieu, αβουλος* – *jeune âne;* voir aussi PL. I} dans *Hebdomas* – *la* septième région de l'Univers de leur *Æonologie*– en tant que Force qui donne à l'âme mortelle (נפש – *Nephesh*) son corps physique qui, lui, vient du *Démiurge* – *JHVH*, le ‹*Maître Constructeur*› (voir PL. V, et *Genèse*, 2, 7). – "De plus, *Beelzebub* fut nommé le *Prince des Démons* éthériquement manifestés.

Le *Nephesh* – pourra, en suivant le ‹*Chemin menant vers le Haut*›, devenir רוח – *Ruach*, une *Âme Vivante* – et celle-ci, une *Âme-Esprit immortelle* : נשמה – *Neshamah* – *transformée et transfigurée*.[78A]

L'image ci-dessous, d'un font baptismal à la Cathédrale de St-Paul Trois-Châteaux (Drôme Provençale), établit que le *Diable* domine absolument cette scène de baptême; – et avec elle, l'ensemble du ‹Christianisme› de l'Église de Rome*: «HIC est filius meus dilectus!»* – Voilà une ‹Norme› sûrement pas forgée par les seuls Conciles.[79]

8.9. Le formel Culte du Diable

Au 20-e siècle, ce culte sut s'établir à la marge de la scène des toxico-

manes – et entre autres évoqué par le matérialisme démesuré dans l'Industrie et dans la Politique, ainsi que par l'exclusion de jeunes insurgeants et leur mentalité de *«No Future»*: Voilà le prix payé par eux pour le ‹progrès› et la ‹prospérité› de leurs pères, et pour l'éviction et l'oubli des mythes, des symboles et de la piété naïve, dès lors nommée *«superstition»*.

D'un autre côté, on lit qu'il y a *des centaines d'exorcistes* dans tous les pays d'Europe – surtout des *Jésuites* et d'autres groupements spéciaux *catholiques* établis en Hollande, en Autriche et en Suisse – avec toutes les conséquences profondément traumatiques – *et souvent mortelles* – pour un grand nombre d'exorcisé(e)s *durant les derniers 50 ans.*[80]

Ici, on opère comme *l'Inquisition* du 15⁻ᵉ et jusqu'au 18⁻ᵉ siècle: D'un côté, des Prêtres, Évêques, et Papes délivrent des ‹permis exceptionnels› pour l'exorcisation autrement interdite par l'Église (et quand ça tourne mal, démentis!). De l'autre côté, les ‹croyants› dûment asservis acquiescent – à part la (païenne) *personnification de la Lumière* comme la ‹Mère de Dieu› ou des ‹Saints› – jusqu'à l'invocation des forces des Ténèbres également personnalisées – avec toutes les affreuses conséquences qui s'ensuivent.

Les *symboliques danses* et incantations des peuples ‹primitifs›, damnées et abolies par une Église monomane, avaient un effet *hygiénique et salutaire* pour l'âme collective. – Les modernes aberrations de la même Église, protégées par le silence public, *évoquent et animent un Satan individuel, astucieusement et concrètement créé!*[81]

Wegner, en son livre qui *évidemment* n'a pas son pareil en Français, donne l'abrégé suivant de ce concept matérialiste du ‹Mal›:[82]

«Est-ce que le Diable existe? Le Diable et ses Démons, savent-ils prendre possession d'humains? – On devra répondre à cette question par l'affirmative; mais ce OUI a une perspective très particulière. La réalité du Diable et de ses Démons est toujours individuelle; – c.à.d., que ce sont des personnes individuelles qui se sentent possédées, et qui vivent cette situation comme une réalité absolue … –

Qu'y a-t-il de plus avilissant dans la fréquentation d'humains qui ont besoin d'être secourus, que de leur suggérer qu'ils n'appartiennent plus à eux-mêmes – qu'ils soient complètement dans les mains de Satan, l'adversaire de Dieu?

L'impression est-elle erronée, que l'Église, dans cette question, soit moins intéressée au salut des âmes à lui confiées qu'à la conservation de son pouvoir; et ce par le fait que les esprits qu'elle n'a cessé d'invoquer pendant 2000 ans, elle cherche à les chasser par la suite? … – L'Exorcisme confirme, en la langue de la maladie, cette maladie même, et la stabilise … – Les exorcistes, voyant le Diable en tout, n'entendent plus la langue du désespoir de ceux qui ont besoin d'aide, ni leur désir ardent de trouver la sécurité et l'amour ... »

Répétons-le – soulignons-le donc pour conclure ce chapitre: ‹Le Diable› est *une Force, non pas une personne* ! – Selon les anciennes Traditions, cet ‹*Adversaire de Dieu*› est parfaitement conscient *et* de son impuissance face à la Lumière *et* du fait qu'en même temps *lui aussi est en Dieu* – et de plus, que lui aussi, ‹*à la fin des jours*›, *retournera à la Lumière*. C'est d'ailleurs ce que le *Méphistophélès* du *Faust* de Gœthe dit clairement, et à plusieurs reprises.

9. PUTE, VIERGE, REINE DES CIEUX: LES NOMBREUX VISAGES DE VÉNUS.

9.1. La Femme et le Symbolisme

Le *sexisme religieux* de l'Église de Rome est présent, cela va sans

dire, dès qu'une femme entre dans son tableau. Cette Église – contre toute évidence quotidienne – semble considérer tous les hommes comme des êtres asexués. Or, la femme – nous voulons dire: le corps féminin harmonieusement proportionné – est sans doute la créature la plus belle pour l'œil, la plus émouvante pour l'âme, et qui inspire le plus l'esprit, en tant que *symbole de la plénitude des forces* reliée au dynamisme féminin dans l'Univers (PL. XIII).

Le corps physique et le corps astral féminins, selon l'expression ésotérique, sont ‹*négativement polarisés*›, c.à.d. ‹*passivement réceptifs*›, tandis que les corps physique et astral de l'homme – donc sa vita-

lité physique jaillissant des instincts et désirs animaux (‹*nephesh*›) – sont ‹*positivement polarisés*›, c.à.d., ‹*activement impulsifs*›. De ce fait, on comprend facilement qu'à une image de femme, les artistes n'associaient pas toujours un *homme*, mais souvent *un animal*, – et parfois même une plante à la physionomie masculine: La *Marie* de l'Évangile à la *Licorne*, à la *Tige de Lys* ou même au *Thyrse* en sont l'exemple.[83] (voir aussi PL. III). – L'extérieur de la cathédrale de Freiburg (Allemagne) en présente un cas aussi exceptionnel que parlant (les citations ci-dessous viennent d'un article d'une certaine *G. Weiler* dans le *Magazine* de la *Basler Zeitung* du 23 Juin, 1990):

Une figure féminine s'y présente, nue sauf pour la peau poilue d'un *Bouc de Chèvre*, dont elle se couvre de façon à laisser le doute, si c'est sa main ou le sabot du Bouc qui couvre son pubis. L'analyse par G. Weiler mériterait d'être citée en entier; – relevons-en du moins quelques points sautant aux yeux: Le seul *Bouc* – ou *Capricorne* – est un symbole de fécondité au sens de l'énergie mâle (aussi, ses organes correspondants furent grandement appréciés dans la pharmacologie ancienne). Notre sculpture est donc un exemple typique pour l'*union des énergies, mâle et femelle – thèse et antithèse*, dans la dynamique du cycle de vie de la Nature.

Les pics des ornements architecturaux font pousser des *Feuilles* et une grande *Fleur*: c'est la *Synthèse* – le ‹*Fils*›. – Weiler, de bon droit, nous indique une vue différente de cette représentation, ce dont nous profitons pour ajouter la remarque suivante:

Le Symbolisme ne connaît guère une fois une *seule et unique* interprétation valable et vraie – au contraire: C'est ici surtout que règne le *«panta rhei»*: Plusieurs significations peuvent s'interpénétrer mutuellement. Souvent, un symbole peut même avoir des significations *contraires*: Ce sont l'entourage, un texte, une *devise*, ou d'autres symboles accompagnant la figure principale, qui peuvent décider du sens actuel. – *«Le Symbolisme est universel – ou il n'est pas du tout!»*, disait un fameux occultiste du 20ᵉ Siècle.[84]

9.2. Un mot sur la Virginité

Depuis l'époque, dans laquelle le *Pentateuque* pose les rois mythiques, *Saül* et *David*, et jusqu'aux *réels* Rois de Judah; – donc entre 950 et 730 av. Chr.[84] – les ‹Hauteurs›[85], sources et bosquets de la Déesse (*Ashera*) et du Dieu-Lumière (*Baal*) furent diligés par le Roi comme par le peuple entier.[85A] Là, hommes, femmes et enfants célébraient les rites incluant jusqu'à l'union charnelle. Il n'est pas exclu que l'énorme emphase concernant la *virginité*, non pas du Peuple (voir *Parzival* de Wolfram v. Eschenbach)[85B], mais de l'Église de Rome, vient du fait que  la *virginité physique* était impossible pour qui eut participé à ce culte païen, et donc fut *lié magiquement au Dieu respectif*. N'oublions pas, pourtant, que le Christianisme originel fut tout aussi païen pour le *Judaïsme Pharisien* du mouvement *«Jahweh-sans-plus»*. [86]

9.3. Diana-Aphrodite-Ashera-Sechmet-Ninti- ... et ceteræ

La série des noms donnés à la *Grande Déesse Mère* – personnification de l'archaïque fémininité *a Principio*, de la ‹Mer Primordiale›, du ‹Chaos›, des *Eaux Universelles du Commencement* d'après *Genèse 1, 2* ... – cette série de noms reliés à *Tiamat* et à la Lune, voire à la planète Vénus, et qui est trop, trop longue pour l'énumérer complètement, prit son origine en Orient[87]. La *Déesse Mère* est la plus grande *« ... des grandes déesses orientales qui, depuis le 3ᵉ millénaire av. Chr., furent vénérées sous la figure d'une déesse d'arbre, flanquée de chèvres»*, écrit G. Weiler. – En elle, elle voit en même temps *«la Déesse pleurant la mort de son Fils-Amant ...»*, – motif en ritournelle des religions matriarcales: *«Astarté pleure Adonis, Anāt la mort de Baal, Ishtar celle de Tamūz ... »* – et nous ajoutons: C'est le même motif qui revient dans la ‹chrétienne› *Pietà* – Marie avec le corps inanimé de Jésus sur *son giron*. Le fait que le *mythe de la ‹Passion chrétienne›* soit une reprise païenne fidèle des cultes d'Adonis et de Dummūzi, n'est plus contesté nulle part de nos jours. G. Weiler évoque la représentation de l'énergie féminine *par excellence*, nommée souvent *LA DÉESSE* tout court – mais, en l'instance, *Venus-Ourania*, la *Fille du Ciel*, née lorsque tomba du Ciel (du *Père Primordial*) le sperme de *Ouranos* châtré par *Chronos-Saturne*, faisant ainsi écumer la mer. – Et Weiler d'écrire:

> «... mais dans son pays d'origine {Chypre} elle était la *Déesse Céleste* elle-même – la plus grande déesse des peuples Sémites du proche Orient ... vénérée comme *Reine des Cieux*. Pareille à la suprême déesse des Phéniciens, *Astartè*, son aponyme était *La Céleste – Ourania* ... – Mais tandis que sous le nom d'*Urania*, *La Déesse* possédait encore les traits universels des Forces cosmiques, Homère la réduisit au caractère d'une ‹déesse d'amour› , obligée à se désister de son potentiel agressif ... Au cours des évolutions, Vénus fut progressivement dégradée au rôle d'une divinité insignifiante. La Théologie Morale de l'Occident chrétien finalement, se chargea d'avilir la *Grande Déesse* jusqu'au miséreux niveau d'une *sorcière.*» –

Vénus-Aphroditè, la Déesse la plus populaire chez toutes les couches sociales, était aussi nommée *«Pándemos»* – *la Déesse de tous les peuples* (que l'on remarque la *forme masculine*, comme pour son *nom*, tandis que ‹mars› est *féminin!*). – Et c'est le cas pour l'égyptienne *Hat-Hor*. – En tant que *Déesse des Cieux*, Vénus vole dans les airs, et en guise de synthèse de ces deux aspects, Weiler décrit le couvercle d'un cachet pliant de ca. 350 av. Chr., portant son image:

«La Déesse est assise à la renverse sur son animal cultuel – le Bouc. – Il y a là un sens astrologique, car en tant que Déesse cosmique, elle inverse le cours du Soleil, lorsque au solstice d'hiver {donc au lever du signe zodiacal du Capricorne}, *elle dirige son animal de selle vers la lumière du Soleil levant ...».*

Remarquons encore que lors du solstice de printemps, Vénus (d'ailleurs comme Mars, et souvent Mercure aussi) parcourt toujours le signe d'Ariès ou du Bélier, les testicules duquel, jusqu'à nos jours, sont dégustés, en Orient, comme une ‹délicatesse› renforçant la virilité. – On aura compris ce que signifie le *Capricorne* dans la scène de l'*Annonciation de Noël* à Zillis, mentionnée antérieurement (Pl. XXVIII). Remarque qui nous dirige vers l'autre animal symbolique de Vénus: la *Colombe* qui, elle, s'apparente à l'*Âne*.

9.4. Venus Columba: Reine des Cieux et Esprit-Saint

La *Colombe* se relie, en première ligne, à *Diana-Artémis* – donc à la *Grande Déesse*. L'antique Rome associait la Déesse Céleste à *Vénus*, et la nomma *Venus-Columba*. Sans doute c'est elle qui est à l'origine de la *Colombe* s'abaissant sur *Marie*, lors de l'‹*Annonciation*›, et sur *Jésus*, lors de son baptême. *Marie* même, c.à.d. *«la Mari-enne»*, donc ‹*Fille*› de Mari Déesse souveraine, ‹*Vierge*› vouée à Elle et protégée par Elle, naquit grâce à Son intervention. La Tradition Juive[88] rapporte que Marie, depuis sa première jeunesse une ‹servante› de la Déesse Mère dans Son sanctuaire, fut, à 15 ans, fiancée au *Rabbi Johannan* (= Johannes) cinquantenaire, mais rendue enceinte contre son gré par son voisin, *Joseph*. – Mais le dogme de Rome *fait naître ce fils* – *Hoshua* au sobriquet de *Jeshū* = *Jésus* – par l'intervention de l'Esprit-Saint, et protégé par Lui – ce qui correspond à *Isis* (fécondée contre son gré par Seth), et *Horus*.

La *Colombe au vol* au-dessus du calice de la Tradition du *Graal* (Vénus nominée *Saint Esprit*, lors du *Concile de Nicæa* en 325) c'‹est› aussi l'*oblate* suspendue au-dessus du *Ciborium* (*s'immergeant dans lui*) – et c'est encore le *Soufre Solaire* de l'Alchimie). –
Mais qui des croyants bien catholiques sait qu'il s'agit – ici aussi – du ‹*Mariage Sacré*› des antiques Mystères – du *Hieros Gamos* des *Deux Natures*?
En plus, il faudrait citer ici: Mt. 3, 16; Mk. 1, 10; Jo. 1, 32, où l'on lit: «... *il vit ... l'Esprit descendre sur lui comme une colombe».*

L'iconographie fait de l'*Esprit-Saint* – en analogie à la *Céleste Souveraine* – précisément *Venus-Columba*. – Si cela peut nous étonner, il n'y a pourtant rien contre la ‹bonne foi›, car l'*Esprit-Saint*, par des raisons qui ne peuvent être éclaircies ici, est un équivalent de l'*Énergie Féminine primordiale* aussi bien qu'il apparaît comme la *Force mâle primordiale* signalée par le signe du Feu △. Que la Patronne du baptême de Jésus soit vraiment *Vénus Columba*, le *sigle magique de Vénus* (p 56) le prouve suffisamment, en montrant *et* la *colombe au vol et* le *Crucifié*, tous deux schématisés au maximum.

Retable: L'oblate ☉ s'immergeant dans le calice ☽; – voir remarques concernant le *Labyrinthe de Chartres*, p. 49 ci-devant.

Maintenant, la *Colombe au vol* a ailleurs été interprétée «*se précipitant, et par conséquent (?!) un symbole de magie sexuelle*». Si cet avis était justifié, il s'ensuivrait que d'innombrables tableaux, reliefs, autels etc. soient déclassés comme des images de magie sexuelle – et surtout toute représentation de l'*Annonciation à Elisabeth et à Marie* (voir PL, XIV), voire du *baptême de Jésus au Jourdain*. Picasso deviendrait un assidu de premier ordre de la magie sexuelle, et … *chaque église ou chapelle* portant une telle représentation deviendrait *eo ipso* un centre de la magie sexuelle! – Voilà que l'erreur prouve elle-même son absurdité. –

Que le dogme officiel se taise complètement sur les parallèles des Vénus // Esprit-Saint // Sophia (provenant de la tradition gnostique), cela s'explique par la dégénération des notions sur Vénus, et l'anathémisation de toute sensualité, avec la sexualité au milieu: Vénus qui génère tout, qui protège tout; – la Mère Céleste vénérée au plus profond par les Nobles comme par les gens vils, fut pervertie et dénigrée – comme sa prêtresse à *Megiddo*, ‹Maria› *Magdaléna* – comme une putain, et damnée comme sorcière! – Sans relever que la moralité de l'incriminée *Babylone* fut bien supérieure à celle du clergé chrétien – ancien ou moderne –, G. Wiler (loc. cit.) dit:

«La pruderie hypocrite et le zèle antisexuel du Christianisme ecclésiastique se dirigeait de préférence contre l'antique "Déesse de l'Amour" {*Agape* Autant que *Éros* – dont le diffamé *repas fraternel* nommé *Agape*, des premiers Chrétiens; rem. de l'éd.}. On lui octroya le rôle de la «Grande Putain Babylone», «mère des putains et des abominations de la Terre» (Apoc. 17, 5). Les Pères de l'Église, complexés jusqu'à la perversion, y virent … la „plus impudique des Démons olympiques". – On en comprend que l'imagerie chrétienne la prit comme modèle pour sa ‹Luxuria› ou ‹Voluptas› – la lasciveté … – Et ceci d'autant plus ensemble avec le *Bouc* rural accompagnant cette même ‹*Venus Pándemos*›».

10. Syncrétisme et Tolérance

Que l'on ne s'offense pas, d'ailleurs, que des Fraternités actuelles puissent, soit s'approprier carrément, soit imiter en les adaptant à leur enseignement, les symboles et allégories des Fraternités antérieures: Le *Chemin vers Dieu*, plus on y progresse, et plus il devient semblable pour tous. – Son intention et sa fin sont les mêmes pour tous; – son fond, son arrière-plan, sa motivation et sa dynamique sont les mêmes, – de la naissance d'un Univers jusqu'à sa *«fin des jours»*.

10.1. Le Syncrétisme des Religions

Les principes de toute religion ont toujours les mêmes racines. Et toute religion – surtout toute religion d'État – est syncrétiste, et formulée de façon que la foule puisse la comprendre facilement, et *l'intégrer* sans problème dans leur conception spirituelle du Monde.

Ce que les puristes et fondamentalistes modernes condamnent, l'Antiquité le vit comme la vertu la plus haute: Tout autour de la Méditerranée, et pendant des siècles, Arabes, Berbères, Éthiopiens, Gaulois, Goths, Hellènes, Juifs, Perses, et même quelques Romains, partageaient et échangeaient leur savoir ésotérique, leurs symboles, hymnes, croyances et enseignements, se visitaient dans leurs temples, partageaient leurs sanctuaires. Cet enrichissement réciproque qui culmina au Moyen-Âge, paraît impossible à notre époque, où la faim du pouvoir religieux et matérialiste a fracassé cette mondiale communauté fraternelle, en fanatisant des peuples entiers, en détruisant des documents, et en profanant et en diabolisant des anciens sanctuaires pleins de beauté pure.

Et pourtant, les véritables ésotéristes coexistent même aujourd'hui en une *concordance fraternelle intérieure*, et il en sera ainsi pour toutes les époques. Un bel exemple en sont les chants et hymnes Manichéens: Là, Ancien et Nouveau Testament, Mazdaïsme, Qabbalah et Mystères Grecs, l'enseignement gnostique sur les Archontes et celui des Éons, confluent pour former une synthèse colorée et profondément touchante. Comme exemple, évoquons la dénomination de *Sophia* comme *Vierge de Lumière* et *Maria*.[88A]

10.2. L'Utilisation partagée des Symboles

Enfin, l'utilisation en commun des symboles est une tradition de sagesse des plus anciennes. – Aussi, dans un calendrier pour l'an 2005, imprimé en *écriture Berbère*, nous avons pu détecter le sigle de

Symbolisme ésotérique actuel

 AMREC – une Ligue arabo-berbère; – sigle rappelant fortement le signe du *Baphomet* décrit par Fulcanelli dans sa deuxième œuvre, intitulée *Les Demeures Philosophales*: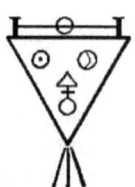

«Avec ses cornes et sa couronne, le symbole solaire prend la forme d'un véritable *Baphomet*, c'est-à-dire de l'image synthétique où les Initiés du Temple avaient groupé tous les éléments de la haute science et de la tradition, ... *emblème complet des traditions secrètes de l'Ordre* ... – Il se composait d'un triangle isocèle au sommet dirigé en bas ... Un second triangle semblable, renversé par rapport au premier, mais plus petit, s'inscrivait au centre et semblait occuper l'espace réservé au nez dans la face humaine. Il symbolisait le *feu* et, plus précisément, le *feu enclos dans l'eau*, ou l'étincelle divine, l'âme incarnée, la vie infusée dans la matière. Sur la base inverse du grand triangle d'eau, s'appuyait un signe graphique semblable à la lettre H des Latins ... Ce signe en stéganographie hermétique indique l'*Esprit universel*, ..., Dieu. À l'intérieur du grand triangle, ... on voyait à la gauche {héraldique!} le *cercle lunaire* à croissant ☽ inscrit, et a droit le *cercle solaire* à centre apparent, ☉. Enfin, soudé à la base du petit triangle interne, la croix posée sur le globe, ♁, réalisait ainsi le double hiéroglyphe du *soufre*, 🜍, principe actif, associé au *mercure*, ☿, principe passif et solvant de tous les métaux. – Souvent, un segment ... situé à la pointe du triangle, ... de lignes de tendance verticale où le profane ne reconnaissait non point l'expression du rayonnement lumineux, mais une sorte de barbiche ...»[89]

Dans le cas du calendrier Berbère – le lecteur attentif l'aura déjà remarqué – le signe du ‹Baphomet› semble souligner un caractère plutôt *lunaire*, tandis que chez Fulcanelli, c'est le caractère *solaire* qui est plus prononcé: expression de la diversité des deux cultures.

11. Magie et ‹Valence› des Symboles

Au cours des siècles, les adversaires de la *Gnose* – donc de la connaissance et du témoignage de la *Bonne Nouvelle de la Nouvelle Lumière* – ‹*No(v)-El*› – *et de la Paix parmi les hommes de bonne volonté* – interdirent bien des symboles, les jugeant ‹hérétiques›, contraires à la ‹bonne foi› et aux ‹bonnes mœurs›, *diaboliques* – bref: *pervers*. – Or, le Symbolisme en soi *ne peut jamais être pervers*; mais son emploi le peut très bien: Ce n'est que la pensée humaine, soit élevée, soit basse, égarée et matérialiste, qui décide, et par la suite *opère*, la ‹sainteté› ou la ‹perniciosité› d'un symbole, en spécifiant ainsi son effet – soit *pervers* (‹*diabolique*›), soit *salutaire et sanctifiant* – pour le monde matériel.

Dans la *Création Originelle* par contre, là où ni ‹Bien› ni ‹Mal› – donc ni schismes, ni luttes, ni perdition – ne peuvent exister; – là, où en tout temps respirent l'Harmonie et l'Amour divins; – là est également situé le règne du Symbolisme Original, dont l'intention essentielle est que l'innommable, inexplicable, inimaginable Divinité puisse néanmoins être évoquée d'une façon ou d'une autre, et interprétée de manière à ce que *ELLE* puisse être captée dans la réalité physique, *naître dans la chair* et donc *s'incarner*, pour tout le monde.

11.1. Magie – le Pouvoir qu'une Conscience en fait.

Tout symbole est, primairement, dynamisé pour la réalisation de forces majeures. Il peut exprimer la Lumière ou les Ténèbres, et les renforcer en influençant l'*orientation* des humains se trouvant dans son entourage, son *champ de force*. Les symboles clairement ‹noirs› sont, encore, assez rares de nos jours; – mais il est possible également d'inverser et de pervertir des symboles de Lumière: Pour l'homme orienté vers l'*Union des Contraires – vers la Libération* –, la ‹Magie› renforce, verbalement ou non-verbalement, (p.ex. par une image) les pensées et expériences sensorielles, que l'Initié saura émaner de son *cœur*, c.à.d. du centre de son *Microcosme*.

Là où l'observateur vulgaire ne voit qu'une vague confusion en rose ou lilas, l'Initié reconnaît immédiatement les facettes d'un diamant finement taillé : Symbole des milles facettes de la Connaissance à gagner de première main (*Gnosis*) qui, oui, diffère pour chaque humain individuel, mais dont l'ensemble et le centre correspondent pour tout 'Trouveur' ou 'Trobador' du monde. – De là des expressions comme *«Gnose Universelle»*, *«Tradition Universelle»*, *«Doctrine Universelle»*, etc.

L'adepte de Magie Noire ne fait rien d'autre, mais dans une autre intention, et à partir de centres microcosmiques différents (chakra sacré, de racine, et du plexus solaire). Quand *un groupe nombreux* d'humains exercent la même magie (pensées, paroles, gestes, chants, actes), alors ce rayonnement réuni est non seulement *additionné*, mais *multiplié*, et vraiment *potencé* : En résulte alors un *champ de force collectif*, qui peut mener à une émanation de force(s) parfois extrêmement importante.

Or, ceci ne ‹fonctionne› que quand *quelqu'un a pris un choix clair et ferme* intérieur: On voue son âme *ou bien* à la Lumière, *ou bien* aux Ténèbres: *Ce choix est inéluctable*! Tiédeur et inconscience ne produisent nul résultat d'eux-mêmes, mais *s'offrent à l'abus*; car les forces de Lumière agissent *uniquement* à travers des humains qui les évoquent *consciemment, en pureté du cœur*. Les forces des Ténèbres par contre, se dynamisent d'elles-mêmes, et même par l'inconscience tiède de tiers. *Voilà* pourquoi tiédeur, inconscience, bêtise et *analphabétisme* sont la plus grande *menace actuelle pour le monde entier!*

L'évocation d'esprits à la table ronde, une Messe à l'Église, une *Corrida* ou une grande réunion politique; – toutes ne diffèrent que graduellement, à savoir: *que* par la qualité de l'orientation réunie des participants respectifs. On en comprendra facilement: La *qualité* d'un champ de force – autrement dit: la *valence magique* du rayonnement généré par un groupe, n'est ni produite ni régie par un symbole, une image, un grimoire, des chants, danses, gestes etc. *comme tels*, mais uniquement par l'orientation unie *et* du Prêtre (voire le Toréro, démagogue, magicien) *et* de la communauté (spectateurs, croyants) qui (sur les lieux ou à la TV!) *y assistent activement*.

Ceci est juste pour l'hypnose individuelle ou collective autant que pour l'altération de loin de formes matérielles, ou pour la magie favorisant ou empêchant la prospérité de plantes, animaux et humains: *L'amour* d'un côté, *la magie du Voodoo* de l'autre, n'en sont que des extrêmes. Lors de l'Inquisition et des procès contre les ‹sorcières› de jadis, ignorance et psychose de masse menaient aux accusations les plus scurriles, p.ex. la malversation du lait de la vache du voisin, à l'aide d'un objet de sa maison (fourche de foin) ou de sa personne (cheveu). *Aujourd'hui*, l'accusation s'appelle *«possédé par le Diable»*. – De telles jugements purent – et peuvent même de nos jours! – causer l'arrêt de mort de l'‹accusé›; car aujourd'hui comme jadis, rares sont ceux ayant assez de discernement pour juger de pareils cas.

Un exemple classique en est l'expertise des trois Facultés de l'Université de Leipzig en 1761, concernant quelques personnes ayant conjuré des esprits dans l'intention de prélever «un trésor du Diable».[90] – Un autre exemple: L'an 1976 (!!), *avec l'autorisation de l'archevêché correspondante*, une étudiante en Pédagogie, une certaine *Anneliese Michel* fut *exorcisée à mort* moyennant 67 (!!!) exorcismes.[91] – Ici, fermer les yeux, équivaut à de la complicité!

11.2. La Magie des Symboles anime l'Orientation des Humains – et vice-versa.

La Magie inhérente aux symboles – principiellement ou essentiellement – est effective *toujours, pour tout le monde, et en tout lieu*, – même quand le symbole reste complètement inaperçu! Voilà aussi le but original des ‹logo's› d'entreprises ou de marques de produits. La Croix Latine et le *Crucifié de Rome*; l'‹étoile de David› du Rabbinisme; marteau et faucille de l'URSS; la Roue à Dents des Rotariens; le Jupiter empoignant 13 (!) flèches des USA – etc. etc.; – tout cela n'est que du Symbolisme voulant *signaler* une certaine intention, et *forcer* le succès voulu. Mais l'ignorance sévissante de notre époque fait que la plupart des gens ne se doutent de rien – ou qu'ils *nient carrément* ces faits. – La *Swastika inversée* des Nazis signalait leurs intentions nettement dès le début; mais personne ne les prit bien au sérieux, jusqu'à ce qu'il fusse trop tard: La *Magie de l'intention inhérente* du symbole s'était réalisée comme ‹d'elle-même›.

Plus le graphisme d'un symbole est simple, et plus riche peut en être la signification – surtout comme *élément* d'un ensemble ou d'une combinaison de plusieurs symboles. Ici, il importe de savoir discerner et interpréter (‹toutes›) les nuances et l'intention vraie *en ce cas, en cette forme, en ce temps et en ce cadre*. Une affirmation définitive autour d'un symbole est rarement possible: Aussi, le symboliste averti jugera souvent avec réserve, ou en plusieurs variantes: Une certaine modestie s'impose, permettant d'écarter les sentiments et jugements subjectifs, afin d'élucider les sensations et le jugement – donc: l'*intention* – de qui a pu concevoir et présenter un certain symbole nu, ou une composition complexe – en images ou en paroles. Les ouvriers lapidaires du Moyen-Âge furent instruits *par un Initié* – et en tous les détails – pour le contenu et le placement exacts de chaque figure ou ornement.

11.3. Magie et Symbolisme – Prétextes pour l'Évincement de Concepts Divergents

L'imputation de Magie – combinée de préférence avec celle de la *dissolution* – est usitée même aujourd'hui, quand il s'agit de marquer des groupements sociaux et/ou spirituels avec le stigma de l'abomination. Que nos lecteurs ne se moquent point de ces accusations scurriles ou complètement absurdes, comme de quelque chose de dépassé depuis longtemps, et dont l'absurdité se prouverait par elle-même: Les élections présidentielles des USA, par exemple, nous l'apprennent chaque fois: Plus absurde l'imputation, et *plus grande* la crédulité des Masses – et plus molle encore la pression sur les calomniateurs, de motiver et de prouver solidement leurs invectives. La superstition est forte; et l'Église interdit très tôt, et à maintes reprises, toute Magie exercée par d'*autres qu'elle-même*, sous l'anathème d'hérésie et de sorcellerie. Aussi, disparurent *et* l'obligation, *et* l'aptitude du *discernement positif* entre la Magie salutaire et celle pernicieuse[92] – y compris *le choix* et *la confession* de la ‹couleur› personnelle.

Cependant, l'expression de *Magie*, à son origine, ne signifie que le *Savoir plus haut, plus grand* – quitte de tout jugement.[93]

Surtout en faisant appel à des ‹Hérésiologues› comme Epiphanias, Irenæus, Augustinus *et tutti quanti*, on pouvait, du 2^{-e} jusqu'au 18^{-e} siècle, impunément stigmatiser n'importe qui – personne ou groupe – se trouvant en dehors de la normalité des Masses ou de la doctrine des potentats, malgré l'innocence complète, ou même le service rendu au Monde et à l'Humanité par les pauvres inculpés. Depuis, presque rien n'a changé (sauf l'innocenticide officiel) – à la différence qu'aujourd'hui les organismes les plus dangereux sont justement les mieux qualifiés par les médias – et souvent même par le public. Les actuels Mullahs de l'Islām ne font qu'un faible écho des sons européens émis par les plus hauts dignitaires ‹chrétiens›.

L'Opus Dei démontre, sous l'habit de la *«sanctification du quotidien»*, la manipulation subtile de la société publique à travers écoles, universités, hôpitaux, hôtels etc. apparemment indépendants, mais qui à l'intérieur sont indoctrinés et spirituellement contrôlés par des collaborateurs de l'O.D., voire des ‹Numéraires›; – et le tout est «complètement légal», car «absolument indépendant»[94]. –

11.4. Le Symbolisme et l'imputation d'«Hérésie»

L'une des plus courantes – sinon *la* plus courante – des accusations contre les groupes gnostiques et leurs semblables depuis le début de la première ère chrétienne jusqu'à nos jours est celle de *dissolution*, de *perversion sexuelle* – ou même le reproche balourd de *pratiques de magie sexuelle*. La cause en est, à part l'erreur vulgaire, *l'interprétation intentionnellement fausse et compromettante* des mœurs et doctrines, voire la recherche active et malveillante de points d'accrochement dans des domaines qui se soustraient à toute argumentation raisonnable. Il suffit d'étudier quelques Hérésiologues parmi les Pères de l'Église (voir plus haut), pour constater que les reproches les plus absurdes sont les préférées – et les interprétations les plus perverses, les plus prisées. Les groupes gnostiques aspirant pour la plupart *à la plus haute pureté*, et souvent inclinées à *l'ascétisme*, furent accusés de *gloutonnerie*, d'*excès* de toutes sortes, d'*immoralité*, jusqu'à la *saleté*, afin de les attaquer là, où la réfutation discursive est difficile, ou complètement impossible. Il suffit à ce propos, de pervertir le baiser fraternel («baiser de paix») en une «invitation au coït», le *Repas Fraternel* («*Agapè*») en une «*orgie*», et l'abstention conjugale en «*libertinisme*» (tout cela cité d'après les textes des ‹Pères de l'Église›!). – Exceptions rafraîchissantes: Le traité de E.R. Roth *sur les Nicolaïtes* [95], et la *Kirchen- und Ketzergeschichte – Histoire de l'Église et de l'Hérésie* – de Gottfrid Arnold[96]: Les deux auteurs procèdent (vers 1700) de manière raisonnable et neutre, *sans aucune mauvaise intention* contre qui que ce soit. – Et c'est aussi l'intention du présent livre.

On pourrait écrire un copieux chapitre à part, sinon un gros livre, sur *l'ensemble de l'Hérésiologie* en sa référence au Symbolisme gnostique, si l'on voulait rendre pleinement justice à ce sujet et inclure toutes les éventualités. Motif qui ne peut donc être traité ici, sauf en *raccourci rigoureux*.

11.5. La Diffamation Profite de l'Ignorance

L'ignorance croissante de la plupart des gens modernes concernant tout ce qui touche au Savoir Secret et à la Magie, sert aux personnes mal intentionnées pour évincer et éliminer tous ceux qui diffèrent de dogmes officiels qui se veulent invulnérables, incontournables: Tout ce qui ne peut être su ni contrôlé par tout venant, peut également servir de prétexte pour la calomnie et la persécution. La preuve en sont non seulement les Gnostiques des vingt siècles passés : Les *Francs-Maçons* furent imputés de conspirer pour arriver au Pouvoir – *les Alchimistes*, méprisés comme des charlatans – les *Templiers*, vilipendés comme pratiquant la sodomie, l'homosexualité, et la Magie Noire – et les *Rose-Croix* du 17-e siècle furent livrés à la dérision, voire dénigrés – en France jusque vers 1900 – comme des escrocs.

En même temps, fleurissaient, à l'ombre de ces selects héritiers de *Connaissances Véritables*, les ‹solanacées› d'une morale sombre et pernicieuse, sans que quiconque s'en soucie. Des Ordres comme le *Golden Dawn* de *A. Crowley*, n'eurent en commun avec le vrai Rosicrucianisme que leur nom – et c'est le cas également pour le Grade de *Rose-Croix* chez les Francs-Maçons des Hauts Grades. – Les éléments les plus abominables restent complètement inconnus au public ordinaire. Ce sont des fait tristes, oui. – Mais ou bien sont-ils trop anodins pour en parler (trop rares, trop petits, ou disparus déjà) – ou alors *trop pervers* pour les citer *in extenso* en cet endroit.

Or, depuis la naissance de la malsaine *«Sainte Inquisition»*, on dénominait très couramment individus, groupes, Ordres et communautés ecclésiastiques, contraires à la Doctrine de Rome ou en déviant un tant que soit peu, comme des *Sectes*, ou bien même comme des *Hérétiques* destinés à *«brûler éternellement»*[97] – et on les accusait de pratiques sexuelles libertinistes, perverses ou atavistes – ou bien même carrément de *«Magie sexuelle»*.

L'exemple le plus fameux, c'est celui des *Templiers* avec leur *Baphomet* (expliqué plus haut).[98] Un autre groupe était celui des *Nicolaïtes*, faussement inculpés eux aussi d'immoralité, et d'avoir mangé la nourriture offerte aux Idoles (Apoc. 2, 6 et al.);[99] – et de même pour d'autres Gnostiques anciens, p.ex. les *Bogumiles* (de là le juron de *«bougre!»*), les *Priscilliens*, et bien d'autres. –

11.6. Pierres d'Achoppement: Les Symboles Méconnus

Le dénigrement à cause de quelque *comportement codifié*, fut souvent remplacé par celui de l'*usage de symboles méconnus*, ce qui sera démontré immédiatement. – Et quelle en était la raison, à part l'excuse bienvenue pour la *persécution*?

Voici les causes apparemment principales: 1° Les racines ascétiques du Christianisme Syrien originel[100] et du Judaïsme naissant (Rabbinisme plus Tradition de la Qabbalah), plus les mœurs et usages d'époques ‹préhistoriques› qui ne peuvent être commentés ici. –

2° Les différences entre le *Christianisme universel*, c.à.d. *gnostique*, des Chrétiens juifs, et les *Christianismes païens*: Hellénistique selon Johannès, Romain selon Paul, et autres – et cela surtout du premier au second siècle ap. Chr.

3° Les dogmes tardifs de Rome depuis le 4-e siècle: La divinité de Jésus, l'unité du

Les cornes divergentes du *Cerf* et la corne érigée de la *Licorne* représentent l'union de l'*actif* au *passif* etc … font allusion à l'union sexuelle, aussi bien que l'image de *Marie* blottissant la *Licorne* dans son giron, comme la *Piétà* son *Jésus*.

Père et du Fils (le fameux *«litige pour le iota»*, entre ‹homousios› et ‹homoiousios›), la *virginité de Marie* (voir plus haut); – et finalement, un dogme qu'adopta même le Calvinisme Protestant: Que toute sexualité serait vile, immonde, non-divine, et donc «une abomination devant Dieu»! – Les Papes de la fin du Moyen-Âge s'acharnaient et écumaient, sans se lasser, contre toute sexualité – tandis que la plupart d'entre eux s'adonnaient au libertinisme pompeux et à la polygamie magistrale; – et leurs prélats, cardinaux et évêques suivaient leur exemple tout comme abbés, moines, et nonnes de nombreux monastères et cloîtres, vivant maritalement, en concubinage ou en bigamie, malgré une interdiction papale du 11-e siècle.[101] Ce n'est qu'au 18[-e] siècle que cette licence cléricale attint des proportions qui n'étaient plus publiquement alarmantes.[102] Ce concernant, on peut lire un grand nombre de livres; – et on pourrait presqu'être tenté d'en écrire un autre, très actuel ... [101,107] —

Notre *chapitre 12* étudiera intensément ce malentendu humain à l'encontre de la *sexualité comme symbole:* Triste sujet d'errements de la pensée et des émotions, c'est l'une des conséquences de la faim du pouvoir et de possessions: Désordre astral et obsession de l'âme, complexes d'Œdipe, idées fixes et jalousie augmentaient, et pervertirent des symboles universels en des dogmes spécifiques, et ceux-ci en des moyens de pression pour imposer le pouvoir ... –

Mais d'abord, il faudra reconnaître la position prépondérante de la sexualité pour la pensée et le comportement humains, pour l'aperception et la réalisation humaines en général, et pour le Symbolisme hermétique en particulier. – Oui, on pourrait dire: Les pensées, associations, et actions de la plupart des humains qui *ne sont pas* influencées par les centres sexuels des corps – physique, éthérique, astral et mental, sont *une minorité presque négligeable*:

Tout ce qui est en relation avec l'énergie mâle de création, formation et compétition, peut être réduit au *dynamisme sexuel mâle* du système humain. Pareillement, toute conservation et production, toute protection et préservation possessive peut être réduite à des instincts féminins qui, finalement, sont conditionnés par le système hormonal sexué féminin. Mais tous deux sont présents en tout un chacun.

Par conséquent, nul humain – à moins qu'il ne s'agisse d'un Saint parfait – ne peut vivre *sans expérimenter* ces forces émotives que l'on peut nommer – en termes un peu crus – des motivations sexuelles. – La seule question est: *Comment va réagir l'Humain face à ces impul-

sions? – Qu'en fera-t-il, ou elle? – Or, la ‹clé secrète› du bon usage de toutes les possibilités octroyées aux humains par le Créateur, c'est la croissante *faculté d'aimer, de tout un chacun*:
«*C'est à leurs fruits que vous les reconnaîtrez!*»

12. Père – Mère – Fils : Le Mariage Sacré
Plus haut, ont été soulignées à plusieurs reprises les deux fondamentales polarités contraires: mâle/femelle – 'positive'/'négative' – active/passive – génératrice/révélatrice – spirituellement préformante/physiquement manifestante, et ainsi de suite ... – De l'autre côté existent les innombrables paires de contraires que l'on pourrait nommer simplement des *états*, quoique, dans ce monde, rien n'est stationnaire et définitif: *Tout flotte – panta rhei*, disait Héraclite, le grand philosophe grec (mort ca 480 av. Chr.). – Autant dire: «*l'éternel retour du semblable comme un dissemblable*», comme l'exprime si bien un lexique.

12.1. Le Dynamisme incessant des Contraires
Ainsi, le dynamisme de tous les contraires dans *ce monde-ci* est provoqué par au moins une composante active (*thèse* ou *cause*, dans le domaine animal nommée «*mâle*») – et au moins une composante passive (*antithèse* ou *effet*, dans le domaine animal nommée «*femelle*»). Leur *conciliation* – leur équilibre ou jeu de forces – *paisible* du moins, et mieux encore *productif* – produit une *Synthèse*, une 'saine mixture'; – nommée, pour l'image anthropomorphe, ‹*enfant*› ou bien ‹*Fils*›, ce qui correspond, pour le domaine de la *Physique*, à l'obtention d'un *Point de Repos* au niveau d'énergie le plus bas possible. Et c'est ce qui, dans ce jeu de forces, est le but espéré, passivement attendu, ou bien activement recherché – tout selon l'état de conscience des composantes engagées.

Voyons le plan humain: Ici, il est difficile de voir une différence entre la nostalgie messianique d'un côté, et les espoirs et désirs matériels de l'autre – c.à.d., l'attente *mystique* d'un croyant (‹*prière*›), et la conjuration formelle d'un *Mage*: Les deux sont des évocations moyennant des symboles, et magiquement pressenties comme déjà réalisées.

Voulant ramener ces relations, expériences et aspirations à des formes ou formules bien maniables, on arrive à des paroles ou images magiques: ‹Mantres›, chants, danses et rondes; – et leur produit condensé: des *symboles* – abstraits ou figuratifs. Rien n'exprime mieux que l'emploi de *symboles* une intention (ni n'est plus contraignant magiquement) quand il s'agit de *réunir des contraires*, ou d'*obliger les Forces* à produire un résultat spécifique, et normalement égocentrique. Mais il faut toujours bien discerner, si cet *acte de volonté* est ‹permis›, ou non.

Un unique symbole peut avoir même une douzaine de significations: Tout dépend de l'ampleur des connaissances et de la profondeur de conscience du spectateur; – et du fait que le symbole soit *pensé et appliqué* dans un sens constructif ou destructif, physique ou métaphysique – au service de la Lumière, ou à celui des Ténèbres …

«L'expulsion du Paradis» (16-e. siècle.) – La sexualité par suite de la séparation des sexes dans 'Malkut' est souvent stigmatisée comme *«le péché originel»*: – cause de psychoses sexuelles et de la *sexomanie*.

La réalité des énergies contraires et des couples contraires (*«syzygoi»*) se stimulant réciproquement constitue la base de toutes les formes d'existence de notre Univers. Mais il existe une paire dont la signification est plus excellente que celle des autres: L'opposition entre : *divin* – et : *terrestre ou «sublunaire»*.

Tout humain connaît cette opposition. Et tout chercheur du sens plus profond de *«Dieu – Univers – Homme»*, arrivera très tôt à concentrer sa recherche sur ces questions; et cela d'autant plus que la société et les institutions religieuses officielles soulignent ces deux contraires comme un «abîme infranchissable», et le monde comme un *«ordre d'urgence»* non-naturel, créé par Dieu pour pallier une ‹panne› universelle. – Dieu, serait-Il donc ni omniscient ni omnipotent?

Selon cette *Doctrine de la Séparation*, il existe des hommes ‹mauvais› et des ‹bons›; – des ‹Saints› et des ‹hérétiques›; ‹anges› et ‹diables›. – Et il y a une «Fin», un «jour du jugement», où les «brebis» seront séparées des «boucs», et les ‹mauvais› «jetés dans le Feu de l'Enfer» pour toute éternité. – Oh perspective affreuse! – Qu'est-ce que ce Dieu infligeant la souffrance éternelle à ses créatures? – Ou alors, le tout ne serait-ce qu'un fantôme terrifiant, idoine à modeler des peuples, des continents – et si possible, le monde entier – d'après une ‹Norme des Bons›, et nous mettre tous à *leur* pas? – Et *qui seraient ces ‹Bons›*? – Le Maître, ne disait-il pas: *«Nul n'est bon, même pas un seul»*?[103] – Tous les Sages, ne disent-ils pas, que cette ‹Séparation› n'est qu'une *Illusion* – une Chimère que l'Humain doit *oublier*, afin d'*entrer dans l'Unité*?

12.2. L'Union des Contraires – Quiétude et Stabilité

Les anciens enseignements maçonniques – chrétiens, juifs islamiques ou quelconques – ont une vue bien plus différenciée de tout cela: Là aussi on distingue un «Ordre de Nature divin» – et dont l'Humain a priori ne peut savoir presque rien, quoique c'est là sa première origine. – Et un «Ordre de Nature non-divin»:

Enseigne maçonnique. Les outils et ornements symbolisent le Mariage Sacré par l'*Union des Contraires*, voilant les organes sexuels et les *trois répétitions* de l'Alchimie.

c'est le seul monde accessible à l'aperception sensorielle, et que tout humain connaît par l'expérience quotidienne. Voilà le système philosophique du ‹*Dualisme*› – ou mieux dit: de la *Dichotomie* de la Création.[104]

La différence par rapport au susdit dogme de l'Église, donc celui de la *Séparation éternelle*, la voici: Les doctrines ésotériques *de bonne foi* témoignent d'un *Chemin de Rédemption* ouvert à tout humain, *sans différence de sa souche ou position sociale*, et pour lequel il est entièrement *responsable lui-même*. Les anciennes doctrines ésotériques – de la Qabbalah judéo-chaldéenne[105] (*Sepher-ha-Zohar* et *Sepher-ha-Jezirah*[106]), en passant par les Gnostiques de l'Antiquité (*Æonologie* et *Archontologie*), et jusqu'aux *Quiché* de l'Amérique du Sud (*Popol Vuh*) ne connaissent pas de ‹*péché originel*›. – Mais tous connaissent un *Chemin menant vers le Haut* et qui guidera tous les humains, qui suffiront aux *conditions minimales*, jusqu'à l'Unité avec le suprême Père Céleste. – *Voilà* la moëlle des Fables, Mythes et contes où, *à la Bonne Fin*, la *petite gueuse* épouse le Prince, le *fils simplet* la Princesse, atteignant ainsi à l'immortalité:

«Et ils vécurent heureux et en grande joie, pendant de très longues années encore (c.à.d. *éternellement* !). – Alors, *«le corruptible aura revêtu l'incorruptibilité, et le mortel aura revêtu l'immortalité»*[106A]; – le Terrestre se sera réuni à nouveau au Céleste – et l'Humain sera de nouveau *un avec la Divinité* (voir PL. XX). – *Voilà* le noyau du Mariage Sacré des Mystères grecs – des cortèges de Fleurs; – des fêtes, des processions et des symboles ‹païens›, adoptés par l'Église ‹chrétienne›!

La plupart des religions réunissaient leurs divinités *par couples*. Même la *Madeleine et Jésus* font un couple pareil. Les anciens jeux des Mystères montraient l'union du couple divin en question, comme le secret suprême. L'idée centrale du *Monothéisme* par contre, est de n'adorer plus que l'*Unique Dieu Suprême*, et *rien ni personne à côté de Lui*. L'union des contraires doit être réalisée en chaque humain, individuellement. *Voilà* ce que signifient vraiment les *Adieux à la Dichotomie* – et l'*Entrée dans l'Unité* !

12.3. La Séparation des Sexes *«au Commencement»*

La duplicité de frappe et d'énergies, ‹mâle› et ‹femelle›, ainsi appelées – disent les Maîtres de l'Antiquité – n'est point le résultat d'une *Chute*, ni d'une *Condamnation*. Elle existait – exprimée en la langue de la Tradition – *«ab Initio»*: *Avant* toute existence, *avant* que Air, Eau et Terre, Feu et Eau furent séparés. – Et cela encore nous dit clairement: La bivalence des énergies *était* déjà *quand tout fut encore Un, parfaitement divin et uniquement spirituel*. – Oui, cette bivalence était déjà, quand de la pensée de Dieu surgit la ‹*Mère de toute chose*›; quand rien ni personne n'était *«en dehors de Lui»*! – Or, encore soit dit: *Bivalence* n'est pas encore *Séparation* !

Le schisme entre énergies ‹femelle› et ‹mâle› se fit *longtemps avant* la création de l'Univers; il se manifestait en tous les événements de la Création: L'Arbre des Sephirot consiste, entre autres, d'une ‹colonne› *gauche* et d'une autre, *droite*; – une de frappe féminine, l'autre masculine. La ‹colonne› du milieu montre la *descente par degrés* – depuis *Kéthèr* – du *Logos*, du *Verbe*, du *Fils* : de la *Synthèse*, jusqu'à sa manifestation au monde accessible aux expériences sensorielles. Ce monde manifesté, la Qabbalah le nomme *Malkut – le Royaume, d'abord divin, de ce Monde*. De lui, sortit d'abord l'*Homme Céleste, spirituel et entièrement divin*. Ce n'est que beaucoup plus tard qu'advint sa séparation physique en mâles et femelles individuels. La Sephirah immédiatement au-dessus de Malkut, *Jesod,* est en même temps nommé *la Porte* pour le Chemin menant vers le Haut, vers le *Royaume Originel, spirituel et divin,* et les Mondes supérieurs. Son nom, ‹*Jesod – La Porte*› rappelle la parole de *Jésus* qui dit: *«Je suis La Porte!»*

L'aperception de la *séparation entre Mâle et Femelle* est probablement la première expérience consciente de tout humain; – et c'est sans doute une expérience des plus marquantes que peut faire l'Homme pendant son existence terrestre. Elle est le *symptôme* le plus fort – mais aussi le *symbole* le plus clair – du fait que, comme dit plus haut, tout dans l'Univers a son ‹contraire› – son ou sa *Syzygos* – et a tendance à se réunir avec lui ou elle. Et il n'y a nulle merveille que ce *fait le plus tranchant de tous depuis le Commencement,* devienne la source *et* des plus belles *et* des plus douloureuses expériences – et par conséquent, la force motrice fondamentale – de l'Homme et de l'Univers tout entier. Le *privilège* – et l'*acception capitale* de l'existence humaine par contre, c'est de *devenir conscient* de cette «Séparation Originelle» – et de *l'abolir en soi-même.*

12.4. Du Monde Sexué à la Sexualité

Or, dans la pensée de la plupart des humains, cette séparation des *genres,* ‹mâle› et ‹femelle› s'est réduite au dynamisme entre les *sexes,* et à la présence de la *sexualité* dans la pensée. Ceci est, d'un côté, le résultat du cours des époques qui fit tomber dans l'oubli *et* les Mystères, *et* tout *Savoir originel* – et de l'autre, le résultat d'un plan très clair et qui est tout sauf divin. La *Lettre aux Romains* du Nouveau Testament (Rom. 1, 19-25) parle du rôle qu'y joue l'Église.

Le *Mariage Sacré*, représenté par l'union de la *Croix* (Lumière, esprit solaire, Christ) avec la *Lune* (Eau, Âme, Isis-Diana-Maria), au milieu de *treize Rayons* de lumière. – Plus les douze *Disciples en forme de coquilles St-Jacques* : dans l'Alchimie, le symbole de la *Multiplication.*

La notion de ‹*sexualité*› ne fut, en principe, pratiquement pas utilisée publiquement, jusqu'à l'an 1970 environ. – À présent, elle apparaît dans tous les journaux, et plusieurs fois par semaine, si ce n'est journellement. – La sévissante sexualisation de la publicité promotionnelle pour tout, absolument tout produit dont on aimerait imprégner le marché, accélère encore ce développement. Or, puisque la sexualité est continuellement présente au subconscient de tout un chacun, tout le monde va *immédiatement*, et avant que la partie cultivée en lui ou elle puisse l'en empêcher, réagir à chaque signal de ce genre: Aussi, un véritable *Symbolisme promotionnel sexualisé* s'est développé dans le monde.

L'effet d'un symbole de ce genre dans la publicité (p.ex. l'image de l'*heureuse famille toujours jeune* : père, mère, fillette à l'iPod, et petit gamin avec son beau chien; plus glace à la fraise et canapé neuf), ne dépend que du poids que donne le spectateur à tout ce complexe de prospérité souriante – et de sa disposition de muer les sommations subliminales en un acte (achat), une pensée et son émotion voulues (peur, haine), une idéologie (p.ex. nationalisme et xénophobie): La *société sexualisée*, le *sexisme manifesté*, marquent l'extrême de ce développement – et nous en sommes là, à présent!

12.5. De la Sexualité au Sexisme

C'est surtout le monde de l'Occident qui est stigmatisé par son commerce schizoïde avec la *sexualité* : La doctrine du Christianisme officiel a créé, pour la société moraliste et humaniste surtout, l'image de *sordidité de la sexualité*, et ceci en introduisant des expressions qui jusque-là avaient été réservées à l'‹*idolâtrie*›, – c.à.d., la vénération d'un Dieu (d'une Déesse) autre que le Dieu officiel. Les Pères de l'Église se servaient souvent, et avec verve voluptueuse, de l'expression de *fornication* – terme probablement *nettement inventé par les Pères de l'Église eux-mêmes* !

Deux *Pierres de l'Angle* marquèrent ce fait: Primo, l'*Ascétisme oriental*, introduit depuis la Thrace et la Syrie et, par des moines préchrétiens, en *Égypte*, et de là en Palestine et à Rome. – Secundo, la *misogynie* (l'antiféminisme), qui marqua jusqu'à des Écritures sacrées comme les *Mystères de la Pistis Sophia* et le *Nouveau Testament* : les *Actes* – et les ‹lettres› de ‹Paul›, ‹Pierre›, ‹Jean› et ‹Judas›. – Lettres, dont plusieurs sont très intentionnellement *forgées*, ou autrement attribuées à l'auteur souhaité.

La plupart des *Hiérodules* vivaient en célibat (comp. les prêtresses de Babylone selon le *Codex Hammourabi*)[107]. – *Tamar* séductrice de Judah (1 Mo 38) suivait un usage en-dehors de tout jugement moral de l'époque. Les éditeurs des textes depuis canonisés passaient donc complètement à côté du *Symbolisme constructif* inhérent à la séparation et au coït des sexes, que par contre l'Illuminé Rudolf Steiner a expliqué à plusieurs reprises, et très plausiblement.[108]

12.6 Exploitation magique du dynamisme Mars-Vénus.

Au *Dynamisme des Contraires* inhère beaucoup de force: de la *force de Nature*. – Or, la *manie* de l'Humain *à l'expériment* l'amène à mettre en perce toutes les forces naturelles, pour en tirer tout ce qu'il peut en tirer. L'exemple le plus clair en est l'extraction d'énergie du bois, du charbon, du fuel, de l'eau, du vent – et jusqu'à la dynamique des atomes mêmes – et tout cela sans le moindre souci du dérangement et du dégât causé pour l'équilibre naturel de l'Univers. Mais, ces ‹ressources naturelles› sont en vérité toutes des manifestations de l'*Énergie Vitale de l'Univers* !

Or, l'exploitation rigoureuse de cette énergie par nos *magiciens*, ‹scientifiques› ou non, s'attaque jusqu'à l'*énergie vitale de l'Humanité* – ou du moins d'individus choisis. Voilà que des humains sont instigués à livrer leur énergie vitale – soit par des pensées, («la Foi», peurs et désirs), soit par leur sang, les hormones, d'éthers ou bien d'autres sucs de leur corps; – *volontairement, ou sous contrainte*. Le produit est récolté et absorbé par les manipulateurs de ces pratiques. Les mêmes faits et relations sont à la base des documents du Moyen-Âge regardant les *Succubi* et *Incubi*, et non moins ceux relatifs au *Vampirisme* de toute sorte. – Et l'énergie vitale la plus pure en question, c'est justement l'énergie sexuelle. Qu'il existait, et qu'il existe encore, des véritables 'Ordres', chez lesquels la magie du sang et celle de la sexualité – surtout avec des bambins – jouait, et joue jusqu'à nos jours, le rôle central, c'est un fait dont tout le monde aimerait bien détourner les yeux. – Et nous nous taisons prudemment sur les détails.

D'un autre côté – et ainsi se boucle la boucle sur les calomnies attaquant les premiers groupes gnostiques – il est facile de semer de telles accusations contre n'importe quel groupe ou individu – donc, contre des gens qui rarement ou pas du tout ne se font voir au public. Alors, leur discrétion est cancanée comme cachonnerie; – leur intransparence, comme de la magie noire. Et ici encore, la sexualité entre en jeu; – cette fois comme «magie sexuelle» (au sens noir, bien sûr) – avec tout ce que cela peut signifier en ce moment.

Un Ordre souvent attaqué en ce sens pendant les dernières années, ce sont les *Illuminati* avec leurs membres FM des Hauts Grades, présents dans toutes les familles royales du monde, le long du lignage des *Kasares*.[109, 110] – Fussent vrais tous ces rapports, on y trouverait une raison pour la croissante disparition d'enfants les dernières années durant; – mais passons: *«De ce dont on ne peut pas parler, de cela il faut se taire.»*[111]

12.7. Retour au Symbolisme non-valorisé

Puisque tout cela est ainsi – et puisque la qualité de tout symbole est définie surtout par l'orientation intérieure, la disposition et l'intention du spectateur ou du ‹Magicien› (car l'Univers entier n'est qu'un symbole hautement complexe de la Divinité!); – un fondamentaliste religieux classera la plupart des symboles mystiques dépassant son propre système très étroit, comme de l'*hérésie religieuse*. – Un spectateur obsédé, coincé ou bien frustré par la sexualité, interprétera *les mêmes symboles* comme des symboles sexuels. – Un Gnostique clairement orienté pourra voir, en tout et en rien, un symbole pour le *Chemin de l'Univers vers la Lumière* – et ainsi de suite: *«Au Pur, tout est pur!»*, dit un proverbe très significatif.

La chose peut pousser d'aucuns à la monomanie et à l'aveuglement: Si *toute* glyphe de caractère mâle ou femelle était en même temps un *symbole de magie sexuelle*, ce serait vrai pour chaque girouette, pour toute opération de mathématique et la plupart des ‹logo's› d'entreprises, pour toutes les enseignes militaires, tous les ‹signaux› de la chimie, de la physique, des arts et métiers etc. – Si tout *Cercle meublé d'un Triangle* était un symbole de magie sexuelle, vu que le Triangle △ peut être vu comme ‹mâle›, et le Cercle comme ‹femelle›; – respectivement, par ce que le Triangle ▽ peut être interprété comme ‹féminin›, et le Cercle en même temps comme ‹masculin›, alors tout *panneau «STOP!»* du trafic routier serait un symbole de magie sexuelle!

Les symboles, disions-nous au début du livre, servent à exprimer l'indicible *par tout moyen possible*, et par là, à le connaître et le comprendre mieux. Or, l'*Humain primitif* subissant les *forces de Nature* comme enne-

Le panthéon des mille Saints de l'Église de Rome. – La dominante figure en *Noir* avec une étole en *Blanc* et *Or*, et la *Croix Latine* au bras, ne saurait jamais être la brave MARIA, mais correspond, héraldiquement, *à la* MORT (lat. *mors*, féminin). (Église '*La Matriz*' à Manaus, Brésil.)

mies, cherche à se les rendre propices. Voilà la source des *Religions Naturelles* avec leur vénération d'une multitude de *dieux naturels* et de saintes *Forces de Nature*, qu'il fallait garder de bonne humeur par des offrandes et des immolations. Rien d'autre ne se passe de nos jours dans l'industrie, entre employés et chefs! – Et la multitude des saints de l'Église catholique nourrit toujours ce besoin primitif, dont, depuis des millénaires, prêtres et tyrans de tout genre vivaient, et vivent encore.

12.8. Le Dilemme de l'Union des Contraires

Le contreboutant à la ‹scission› ou *Dichotomie de l'Univers*, éprouvée plus ou moins consciemment par l'Humain, c'est son *languissement*, l'impulsion innée à chacun – oui, *à toute créature* – de réunir à nouveau ce qui fut «séparé jadis». – Et puisque la caractéristique de la Nature est telle que «les contraires s'attirent», l'Homme recherche cette réunion, tout d'abord non pas dans la restitution de l'unité *en lui-même* ou avec la *Nature Divine*, mais primairement (ou primitivement) dans l'union *physique*, secondairement en celle *selon l'âme*, et en troisième ligne dans l'union *spirituelle*, avec un «syzygos» en dehors de lui – un ou une partenaire humain(e) donc.

La parenté d'âmes – ou d'esprit – est une grande force attirante, oui; – mais, dans la nature matérielle, les forces astrales corporelles sont sans doute à priori plus grandes, plus spontanément efficaces, et se laissent rassasier – du moins de prime abord – plus facilement, plus vite, plus immédiatement. Aussi l'instinct sexuel peut-il être compris, d'un côté, comme un *symbole* du languissement après la réunion des natures divisées, et de l'autre, comme un dynamisme qui démontre – et souvent très rapidement – que la réunion authentique et durable n'est pas possible *sur ce plan-ci*.

Cependant, tout Homme sait et éprouve – et ni profanes ni clercs, ni ‹Nobles› ni ‹Viles› en font exception – que toutes sortes de formes et de mouvements dans notre monde naturel sont associés par notre cerveau – involontairement et avant que le jugement rationnel puisse intervenir – à des ‹choses sexuelles›: La forme de tant de cristaux, de plantes, et surtout de fleurs et de fruits, ressemblent – disons-le franchement – extrêmement souvent aux organes sexuels humains: Il n'y a là rien à pointiller – et à quelle fin donc? Tout d'abord, le fait est généralement connu; et puis, il n'y a rien de choquant: La sexualité come telle n'est ni 'mauvaise' ni 'abjecte'; au plus, l'*abus* que l'on peut en faire peut l'être – ou encore la *doctrine* que l'on peut y nouer.

LE MARIAGE SACRÉ

Dans l'Alchimie opérative par contre, où *et* la ‹séparation en *Malkut*› *et* la ‹réunion en *Tiferèt*› sont accomplies physiquement et allégoriquement, là n'existent ni contraintes dogmatiques, ni complexes de culpabilité, et ni bigoterie ni hypocrisie: Là, la *Réunion des Contraires* – du mâle avec la femelle, du Roi avec la Reine, du Soufre avec le Mercure – est représentée et commentée en toute liberté – mythologiquement et graphiquement, avec tous les détails.

L'explicite *«Coniunctio du Roi avec la Reine»*, c.à.d. la *Réunion des Contraires* au Grand Œuvre de l'Alchimie. (George Aurach, *Donum Dei* – 16ᵉ siècle.)

Maintenant, il y a également bien des manières pour contrefaire le Mariage Sacré sur le plan de la vie de tous les jours et de tous les gens. Ici, il s'agit de bien distinguer entre imitation profane et Symbolisme spirituel, ou ‹hermétique›. – Citons d'un travail antérieur à ce même sujet:

> La *littérature tantrique* de notre époque décrit à satiété et dans une mixture de vulgarité, d'ésotérisme vulgarisé et d'invention sans gants, le flux des énergies et des vibrations engagées dans la Transfiguration, au cours de pratiques mystiques et magico-spéculatives. À ce qu'on peut apprendre sur l'Antiquité et ses Mystères, l'initiative pour de telles formes d'initiation était réservée aux femmes. Et de notre temps, ce sont encore les femmes qui voudraient réanimer ces mêmes pratiques que l'on pourrait nommer un *Culte Sexuel* sur un niveau plus bas, c'est-à-dire, purement naturel (*animiste*) …

Le sens profond du *Mariage Sacré* n'est donc pas *sexuel* (malgré les *Hiérodules* de l'Antiquité et les représentations très concrètes lors des anciens jeux de Mystères): il est *cosmique* et *spirituel*. – Jadis comme de nos jours, on connaissait les graduations les plus variées pour représenter le Mariage Sacré – l'Union des Contraires:

Les mariages profanes classiques, de l'épouse *blanche* avec le fiancé *noir*, en sont la plus courante. Mais il y a beaucoup plus que cela: de la simple aberration du goût jusqu'au viol brutal et au cannibalisme rituel (la consommation en famille, d'enfants rituellement abusés). – David Icke en son livre *The Biggest Secret* s'y est étalé suffisamment – *y compris des noms et des exemples contrôlables.*[112]

12.9. La Solution du Dilemme au Quotidien

Dans le ‹monde civilisé› actuel, de toutes les colonnes d'affiches grimassent les provocations sexuelles les plus saumâtres. Cependant, les médias publient encore et encore – soit pour des élections politiques, soit en regard de mouvements spirituels hors ligne et de leurs enseignements – les solites imputations. Irrecevables pour tout raisonnement sain, celles-ci suscitent, néanmoins, dans beaucoup de lecteurs ou spectateurs, le reflexe connu, poinçonné par l'Église: Remords et auto-reproches, peur des malédictions et de la damnation; – et tout cela dans l'ignorance la plus complète concernant la nature du Créateur, qui *enrobe toutes ses créatures de Son Amour*, et qui donne à toute forme manifestée les moyens de s'exprimer – y compris les instincts et organes de la sexualité, tant qu'ils sont employés en harmonie avec l'ordre de la Création Naturelle: *Dieu est Amour*, non pas un juge de la moralité humaine.

Or, la force sexuelle y est également pour la Poésie, les Beaux-Arts, les guerres, l'avidité, et les inventions techniques. C'est aux humains d'employer leurs dons originels et divins à la bénédiction de l'*Ordre de Nature* de ce monde – et à la gloire de *Ordre du Monde spirituel et divin* (‹*Maat*›, ‹*Tiferèt*›).

La modération est recommandée partout où cela est possible. – Mais elle doit être le résultat d'un *libre arbitre*. La violation et la mortification de soi-même pour arriver à l'abstinence, sont à rejeter. La sexualité dans la gratitude consciente d'user d'un don de Dieu sur le fond d'un amour sincère, est une bénédiction pour les champs astral et éthérique du Monde. La sexualité inconsciente et brute par contre, est une industrie de milliards, et une forme de sexisme; – et du point de vue ésotérique, rien qu'une *pollution éthérique et astrale*.

Vu de cette façon, tout est question d'équilibre. – Simplifions donc: Qui ne veut – ou ne peut – vivre autrement que de son ‹chakra de racine›; – qui ne veut suivre que la voie terrestre, sera dominé en pensées et actions, uniquement par ce complexe-là. Et la conséquence: Avidité et frustrations; – hectique, agressivité et égoïsme; – et finalement, en un mot: *Manque d'amour envers soi-même comme envers tous les autres.* — Pauvres Humains!

Ce qui sur ce plan-là est généralement nommé *l'amour*, en presque tous les cas n'est qu'une sorte de *volonté humaine*, dont la réalisation ne sert pas à l'*Union Sacrée*, mais à la satisfaction de soi-même – de cet *ego* qui, précisément par lesdites raisons, restera – et *devra toujours rester* – insatisfait.

La satisfaction véritable n'est rendue possible qu'en *donnant*, oui, *en prodiguant* : donc dans l'amour *en-dehors de la culture humaniste*, et qui surmonte cette culture. La source de *l'amour véritable, inconditionnel*, n'est pas humaine: Elle est divine, car *Dieu est Amour* – et *l'Amour parfait est Dieu*. La tragique des hommes dont la soif (sexuellement dynamisée) des *richesses, de la gloire et du pouvoir* est insatiable, se trouve dans un fait très simple: Le joyeux partage dans un groupe enrichit tous; – la cupidité d'un seul, rien que pour lui seul, rend pauvre l'homme le plus riche!

13. Épilogue et Encouragement

13.1. La Magie du Symbolisme est omniprésente

Du Symbolisme, beaucoup a été dit dans les pages précédentes – la plupart seulement en ébauche, et c'est, d'un côté, un défaut, et de l'autre, un avantage de ce livre: Si le lecteur – la lectrice – a seulement compris que, 1° le Symbolisme est *omniprésent*, que, 2° chaque symbole porte en lui sa propre dynamique et sa ‹magie› (mais ne peut être fixé définitivement), et que, 3° même pas le plus simple élément d'un symbole ne peut être défini de façon finale; – si puis, 4° de ces ambigüités et de ces contradictions sont nées des *questions*, – alors, le présent livre a rempli sa mission la plus importante.

Car toute question bien posée porte en son sein sa propre réponse. Toute objection met en route un processus issu de *thèse – antithèse – synthèse*. Tant que ce processus reste intact dans l'argumentation de la pensée humaine, l'évolution spirituelle reste possible. – Où se meurt ce processus, l'*âme* se meurt.

Un autre point important que nous voulions animer à travers ces pages est le fait que, 5° cette magie, cette dynamique de chaque symbole est indépendante de l'attention du spectateur ou lecteur: *Une conscience seulement* peut lui donner sa ‹valence› et sa direction, peut le faire déployer son impact, constructif ou négatif. Cette ‹valence› – cette direction – cette portée – *doivent nécessairement* se déployer: c'est une *loi de Nature*. Aussi, il se trouvera toujours *une force de conscience quelconque*, afin que cette loi soit satisfaite sans faute, *d'une manière quelconque*.

Il est donc – tertio – impossible, de décliner a priori toute forme de magie, en disant: *«De tout cela, je ne veux rien savoir!»*:

Toute pensée, tout souhait, peur ou anxiété; – la plus minime impulsion de volonté ou idée, tout souci, toute peine et chaque «Mon Dieu … !» – *sont déjà des formes de magie* ! Seulement, une image de pensée ou de désir y a pris la place d'un symbole sensoriellement manifesté.

Symbolisme en ignorance: publicité commerciale.

Inversement, soulignons encore que *tout symbole* exerce son pouvoir magique, même si *personne ne le voit consciemment*!

En fait partie, notamment, toute simplification graphique au service de toute sorte de propagande publique, politique, économique, scientifique, industrielle ou religieuse. Non moins, *n'importe quel tableau*, et même *un nom seul*, peuvent – ainsi chargés – être employés – ou abusés – comme des outils pour une action (ou influence) magique: y compris amulettes, ‹T-shirts›, bagues, broches, pendentifs, tatouages etc. …–

Il faut alors comprendre qu'il est absolument essentiel de *dynamiser consciemment* tout symbole – ou alors, *inconsciemment subir sa dynamique*, par ce que quelque *autre conscience* l'aura libérée. – Et celle-là produira trop souvent un effet négatif; car la Lumière

Symbolisme conscient dans le Zen: La forme et l'ordre sont importants!

– on ne peut trop le souligner – demande *l'attention consciente*, et le *choix conscient*, pour agir «ici et maintenant»: Voilà *sa loi magique éternelle* !

L'expression de *mariage* est d'ailleurs assez récente: Sa racine, *mari-*, indique l'*origine sacrée* du mariage: les *Mystères*. Elle évoque la *Déesse Mère*, représentée par l'épouse, tandis que l'époux est, pour ainsi dire, *touché par la Déesse* – donc *«maritus»*. Le *mariage institutionnel* est un typique instrument de pouvoir de l'Église. Des milliers de clercs lui sacrifièrent des tonnes de papier et d'encre.[113, 114] Or, moins la bible judéo-chrétienne, que la dogmatique qu'en ont tiré quelques groupements religieux, est *aussi prude et morne*, que les sources orientales dont elle est puisée *aiment l'art de vivre et la joie*! Tout cela ne concerne pas le Symbolisme: Lui ne qualifie pas: Il ne fait que représenter – ou rappeler – l'Union de ce qui *«dès le Commencement»* – *a Principio* – fut séparé, afin que la toute première Unité Divine soit rétablie *en pleine conscience*.

Cette unité ou union originelle, la Qabbalah l'exprime par le *Ayn Soph*; la tradition gnostique le nomme: ‹Le Silence›, ‹Le Père›, ou la ‹Monade Suprême›, et la ‹Profondeur›. La religion de Ach-n-Atum (‹Echnaton›), l'appelle *l'Unique Dieu*; – la Théosophie depuis le 17e siècle, parfois seulement *IL* – et l'Alchimie: le *Tout-en-Tout*. – Mais toutes ces expressions d'un langage imagé ne sont que des *symboles* pour l'unique *Source Universelle*, de laquelle sort, et vers laquelle se presse toute et chaque créature: L'*Union «à la fin des jours»* de tout *ce qui est séparé, dans l'Un-Tout*.

13.2. Tout l'Univers créé n'est que Symbole!

Les présentes élucidations ont – on l'espère – démontré que la Symbolique n'existe, ni n'agit, complètement indépendamment de nous. – De plus, qu'elle n'appartient nullement à des époques lointaines et passées, mais qu'elle nous concerne intimement, et a beaucoup à nous apprendre, surtout à l'époque actuelle: La Symbolique appartient à la *Cinquième Dimension* – celle de l'Esprit. Elle fait partie du *Cinquième Élément* de notre monde physique: Et elle est du *Feu Intemporel*. Elle n'agit pas sur le plan horizontal du *Monde double* – la ‹Dichotomie de l'Univers›; mais appartient au dynamisme vertical du ‹Chemin menant vers le Haut›, comme l'appelaient les anciens Gnostiques et Qabbalistes.

Aussi, au cours de ce livre, il fut démontré que le Symbolisme n'a rien d'abstrait, mais l'expression et l'effet d'une vie *très concrètement orientée* vers la *Réunion des Contraires* qui dynamisent notre Univers et en forment toutes les manifestations – sur le plan physique comme sur celui métaphysique. Ô que c'est facile de comprendre tout cela, dès que nous arrivons à comprendre les paroles de l'ancien texte de la *Tabula Smaragdina* si souvent récitée, et qui sont attribuées au vénéré Hermès Trismégistos – le *Médiateur* trois fois éminemment grand *entre la Terre et les Cieux*: dans les trois domaines: matériel, éthérique, et spirituel – et dans le *Triple Présent* de ‹Passé›, ‹Présent›, et ‹Avenir›! – Il dit:

«Ce qui est en haut est comme ce qui est en bas, et ce qui est en bas est comme ce qui est en haut ... – Le grand est comme le petit, et l'Un est aussi le Tout!» –

Tout est Un. Il n'y a ni Séparation ni Chute, ni Bien ni Mal: Toutes ces catégories ne sont que des *symboles* pour l'une d'entre les innombrables facettes de notre compréhension de l'Homme, de l'Univers, et de Dieu: Lui qui était, qui est, et qui sera – en tout et en tous. L'Un duquel, dans Lequel, et par Lequel nous sommes, tous et tout!

La *Réunion des Contraires* EST, dès que le *noyau intime* de notre cœur – physiquement: ce *Point*, qui est représenté sur la page de titre du présent livre – le SAIT! – C'est ainsi que le *Savoir* devient le *Pouvoir de tout un chacun* – le pouvoir de gouverner son propre Sort: «*Qui se connaît lui-même, connaît l'Univers!*», nous dit Hermès dans le *Corpus Hermeticum*.

Et l'Évangile de *Thomas* nous encourage de la façon suivante:[115]
«Que celui qui cherche, ne cesse de chercher, jusqu'à ce qu'il ait trouvé. Et quand il aura trouvé, il sera émerveillé. Et quand il aura été émerveillé, il sera étonné. Et quand il aura été étonné, il règnera comme Roi. Et quand il aura reigné comme un Roi, alors *il trouvera LA PAIX!*»

PLANCHE XXXIII: Le *Mariage Sacré* sous le signe du *Renouveau par le Feu*. Croix en pierre à Schneisingen (Suisse); – l'une de celles que posèrent les Templiers, à travers toute l'Europe, pour marquer leurs routes; – ici d'une forme très exceptionnelle.

ANNEXES

ANNEXE I
NOTES BIBLIOGRAPHIQUES
(Les notes numérotées avec indice A ou B ne figurent pas dans l'édition allemande)

[1] Vide: Fulcanelli, *Le Mystère des Cathédrales et l'interprétation ésotérique des symboles hermétiques du Grand Œuvre.* – Paris, J.-J. Pauvert, E.P. 1929 ; – 3^{-e} éd. 1964.

[2] Voir les nombreux exemples de symboles figuratifs et semi-abstraits contenus surtout dans les marques d'imprimeurs du 16^{-e} au 18^{-e} siècle, rassemblés dans: Harold Bayley, *The Lost Language of Symbolism.* – London, Bracken Books, 1912.

[3] Luc 2, 14 ne veut pas parler d'une *piété collective et passive*, mais de la *Grâce*, qui est l'inévitable résultat de l'*effort individuel* des humains (→ NT, Lettre aux Phil. 2, 12)!

[4] Voir les Litanies, invocations et rites du *Missale Romanum*, les rites des orthodoxies grecque et russe – et leurs ustensiles, gestes, robes couleurs etc., – jusqu'aux souliers.

[5] Eugène Canseliet, *L'Alchimie et son Livre Muet (MUTUS LIBER)*; Paris, Éditions Suger, 1967. – Pour la citation présente: voir Édition allemande: Amsterdam, Edition Weber, 1991; – p. 6 de la préface.

[6] *Lucii Ferraris Ordinis Minorum ... Prompta Bibliotheca, Canonica, Juridica, Moralis, Theologica, nec non Ascetica ... Opera et studio monachorum Ordinis Sancti Benedicti ... locupletante P. Migne ...* (tomes I à VIII, au format A-4). – Parisiis, prope portam ... vulgo d'Enfer {sic!} ..., J.-P. Migne, 1860-1863; – voir les expressions correspondantes.

[7] Dr. théol. Gaston Wagner († 2007), *Une Cosmographie Antique – La Table des Peuples de Genèse 10, 1-32.* – Lausanne, vers 2003; – Publication empêchée par les héritiers de l'auteur.

[8] Valentin Weigel: *Das Buch vom Gebet (Le Livre sur la Prière).* D'après l'édition princeps (1612); édité en un Allemand modernisé par M.P. Steiner, et pourvu d'une introduction et de quelques notes explicatives par P. Martin. – Bâle, Éditions Oriflamme, 2006; – voir l'introduction.

[9] A. Dettling, *Die Hexenprozesse im Kanton Schwyz.* – Schwyz, Chez Caspar Triner, 1907.
Rapports, documents et protocoles de procès contre des sorcières, de la Renaissance jusques au 18^{-e} siècle. – Illustré.
Aucune publication équivalente en Français n'existe.

[10] *Codex Hammourabi – Les Stèles de la Loi de Hammourabi;* –colonne 5. Aucune édition en Français de ce texte n'a pu être trouvée.

[11] P. Martin dans sa préface à: Al-Ghazali, *Lettre au Disciple.* – Bâle, Édition Oriflamme, 2009.

[12] Jakob Sprenger & Heinrich Kramer (‹Institor›), *Malleus Maleficarum.* – E.P. Cologne?, 1487. – Aucune édition française de cette œuvre pourtant si fameuse n'a pu être trouvée.

[13] Le 28. 02. 2010, vers 10:00 heures, *Radio France-Musique* en une longue émission *«Contre l'acceptation des enseignements spirituels par les Sciences académiques»*, attaqua jusqu'au journal *The Times*, qui avait favorisée ce dialogue; – et ceci *sans un seul contre-argument positif*!

NOTES BIBLIOGRAPHIQUES

[14] Edmond Bordeaux Székély, *The Zend Avesta of Zarathustra.* – International Biogenic Society, Nelson (Canada), 1990.
Cette traduction directe des hiéroglyphes Perses diffère de celle, fameuse, par Anquetil Duperron (Paris, Tillard, 1771, et réimpressions).

[15] I.J.S. Taraporewala, *The Religion of Zarathushtra.* – Téhéran, Sazman-e-Faravahar, 1980.

[16] *Handwörterbuch des deutschen Aberglaubens*, tomes 1-10 + supplément. Éditeur Hans Bächtold-Stäubli & Eduard Hoffmann-Krayer. – E.P. 1927 à 1942, Walter de Gruyter et al., Berlin & Leipzig. – Reprint de la 3⁻ᵉ édition inchangée, avec une préface par Christoph Daxelmüller: Verlag Walter de Gruyter, Berlin & New York, 2000. – De cette compilation en onze gros volumes, des usages folkloriques dans le monde entier, et des expressions spécifiques et argotiques en langue allemande, aucune publication française comparable n'a pu être trouvée. – En région francophone, toute tradition populaire de ce genre est commentée exclusivement comme ‹superstition›, et ceci au ton *anti-hérétique et superbement illuministe* de la classique et *superstitieuse chasse aux sorciers* de l'Inquisition moyenâgeuse.

[17] Kurt Aram, *Magie und Zauberei in der Alten Welt.* – Verl. Komet, Köln, ca. 2000. – E.A. s-l. 1927. – Aucune publication française comparable à cette très intéressante et sensible compilation de faits, documents et commentaires sur la sorcellerie ancienne et du Moyen-Âge, et concernant la chasse aux sorcières en Europe n'a pu être trouvée.

[18] *Eygentliche Beschreibung Aller Stände auff Erden / Hoher vnd Niedriger / Geistlicher vnd Weltlicher / Aller Künsten, Handwercken vnd Händeln / &c / Auch von jrem Vrsprung, Erfindung vnd Gebrechen. Durch den weit berümpten Hans Sachsen* ... – Frankfurt am Mayn, (1563).
Aucune publication française comparable à cette jolie œuvre illustrée, énumérant toutes les classes sociales et professionnelles de la Renaissance – de l'empereur jusqu'au mendiant – n'a pu être trouvée.

[19] Erdogan Ercivan, *Verbotene Ägyptologie* – Rätselhafte Wissenschaft und Hochtechnologie der Pharaonen. – Verl. Kopp, Rottenburg, 2001.
De cette excellente œuvre discutant des trouvailles égyptologiques qui «ne devraient pas être», aucune édition en français n'a pu être trouvée.

[20] E. Canseliet, *Mutus Liber*; – loc. cit. p. 34.

[21] H.P. Blavatsky, *Isis Unveiled.* – Theosophical University Press, Pasadena, Canada, vers 1899; – T. II, p.22-23, avec la longue note, pp. 23-25 et pp. 30-32. – L'édition française: *Isis dévoilée*, nous semble incomplète.

[21A] Ici, on a dû confondre le *Savarmeda* – sacrifice *une fois en dix jours* – avec le *Sama-Veda* de tous les jours. (Comp. P. Michel (éd.), *Upanishaden – Die Geheimlehre des Veda.* – Marix-Verlag, Wiesbaden, 2006. – Et: P. Michel (éd.), *Rig-Veda – Das heilige wissen Indiens* (2 vol.) – Marix-Verlag, Wiesbaden, 2008.)

[22] G.R.S. Mead, *Fragments of a Faith Forgotten.* Excellente synthèse sur les mouvements gnostiques et leurs précurseurs; – avec textes originaux.

99

[23] Epiphanii episcopi Constantiæ Cypri / *Contra octoaginta hæreses opus. Panarium sive Arcula, aut Capsula Medica appellatum, continens libros tres, tomos sive sectiones ex toto septem: Iano Cornario Medico Physico interprete.* – < UBB FJ IV 11>. – Loc. cit. p. 48.
La fameuse œuvre de cet illustre Père de l'Église et ‹Hérésiologue›, en version originale, complète et non-censurée, est fort intéressante!

[24] Fulcanelli, *Le Mystère des Cathédrales*, loc. cit. p. 147.

[25] A. Franck, *La Kabbale ou la philosophie religieuse des Hébreux*. Paris, 1843. –

[26] Papus (Gérard Analect Encausse), *La Cabbale ...* 2^{-e} éd., Paris, 1903. –

[27] Antonin Gadal, *De Triomf van de Universele Gnosis*. – Amsterdam, In de Pelikaan, 2004; – S. 156 ff. – Édition française: *Le Triomphe de la Gnose Universelle*. – Ibidem, eodem anno.

[28] G.R.S. Mead, *Fragments of a Faith forgotten*; – loc. cit., passim.

[29] I. Finkelstein, N.A. Silbermann: – *In Search of the Bible's Sacred Kings and the Roots of the Western Tradition*. The Free Press, 2006.

[30] *The Zohar* (Vol. I-V). Translated by H. Sperling & M. Simon; introduction by Dr. J. Abelson. The Socino Press, London, Jerusalem, New York; – E.A. 1934, et diverses réimpressions; – la dernière: The Whitefriars Press Ltd. London & Tonbridge, 1978.

[31] Keneth Sylvan Guthrie, *Pythagorean Sourcebook and Library*. – Phanes Press, Grand Rapids, Michigan, 1987.

[32] Henricus Cornelius Agrippa a Nettesheim, *Occulta Philosophia ...* – Folio, Cologne, Sotèr, 1531. Comprenant aussi des œuvres de Petrus de Abano, Pictorius, Gerardus Cremonensis, Trithemius, le *Livre Arbatel* etc.

[33] *Hymnes et Prières Sumériennes et Accadiennes*. – Loc. cit. supra.

[34] Voir: *Trutenzeitung* (= *Journal des Drudes*) dans: W. Mannhart, *Zauberglaube und Geheimwissen*. – Loc. cit.

[35] Louis Charpentier, *Les Mystères de la Cathédrale de Chartres*. – Paris, Laffont, 1966.

[36] Fulcanelli, *Le Mystère des Cathédrales* ; – loc. cit. supra.

[37] Fulcanelli, *Les Demeures Philosophales et le Symbolisme hermétique dans ses rapports avec l'art sacré et l'ésotérisme du Grand Œuvre*. – Paris, J.-J. Pauvert, Plusieurs éditions depuis 1929. –

[38] Eugène Canseliet, *Mutus Liber*; – loc. cit.

[39] *La Clef des Douze Clefs de Frère Basile Valentin / Der Schlüssel zu den Zwölf Schlüsseln von Bruder Basilius Valentinus*. – Livre bilingue. Première édition d'un manuscrit jusque-là inédit, d'un Adepte français de la Pierre Philosophale, vers 1700. Bâle, Édition Oriflamme, 2008.

[39A] Eugène Canseliet, *Les Douze Clefs de la Philosophie*, de Basile Valentin. – Paris, éditions de minuit, 1956.

[40] Voir: Alfred Schütze: *Mithras*. – Verlag Urachhaus, Stuttgart, 1972 (Abb.13, 18, 20, 24, 25, 26). –
Aucun livre compétent à ce sujet n'a pu être trouvé en Français.
Cette œuvre cite, entre autres: R. Steiner: *L'Orient à la lumière de l'Occident*. Dornach, 1942. – Édition française: ISBN 9782881892226.– Idem:

NOTES BIBLIOGRAPHIQUES

R. Steiner: *Das Johannes-Evangelium.–* Édition française: *L'Évangile selon Jean.* Hamburg, 1908. – Éd. frç.: ISBN 2852481316. – Voir aussi l'illustration p. 49: Le centre du labyrinthe de Chartres, vue d'en haut.

[41] Antonin Gadal, *Le Triomphe de la Gnose Universelle*; – loc. cit. supra.

[42] J. v. Rijckenborgh, *La Grande Révolution*. – Haarlem, Rozekruis Pers, 2006.

[43] Johann Heinrich Cohausen: *Lumen novum phosphoro accensum*. – Amsterdam, Johannes Oosterwijk, 1717.

[44] Robert Fludd, *Philosophia Sacra* ...; – Frankfurt 1626

[45] Robert Fludd, *Philosophia Mosaica* ... – Gouda, 1638.

[46] D.A. Frehner dans: *Works of Behmen*. L'œuvre complète et richement illustrée du célèbre théosophe Jacob Bœhme. – Law Edition, 1746.

[47] Jan van Rijckenborgh, *La Grande Révolution*; – loc. cit.

[48] Voir: Fulcanelli, *Le Mystère des Cathédrales*; – loc. cit. supra, pp. 49 ff. À part cela, toute *boule, bal, bel, balon* ou *ballon* sont des figurations du Soleil, Céleste Souverain – *Baal* ou *Beel* – et *de son cours au ciel*. Voir le triangle solaire formé par le *Balon d'Alsace, et les Belchen* {celt. *khèn* = pierre, chêne, chaine, force – donc *pierres du Soleil*} en Suisse et *en* Allemagne. – Triangle, dont le centre se trouve au centre de la ville de *Bâle*.

[49] E. Hornung, *Die Unterweltsbücher der Aegypter* ; – loc. cit. S. 493. – En Français: *Les "Livres des Morts" Égyptiens*.

[50] Fulcanelli, *Le Mystère des Cathédrales*; loc. cit., p. 62 f.

[51] Jobst D. Wolter, *Das Labyrinth in der Kathedrale zu Chartres – Ein Michaelisches Christus-Symbol*. – Verlag am Gœtheanum, Dornach, 1996. – Y correspondrait à peu près un article de André Douzet: *Le Labyrinthe de Chartres et le nom de la Rose*, mais qui suit une autre idée de base. Voir: http://www.france-secret.com/chartres_art1.htm

[51A] Détails chez Fulcanelli, *Les Demeures Philosophales* I, 429.

[52] Franz Carl Endres & Annemarie Schimmel, *Das Mysterium der Zahl – Zahlensymbolik im Kulturvergleich*. – München, Diederichs-Verl., 1984. (*Le Mystère des nombres – le symbolisme des nombres à travers les époques et les cultures*). –
Aucune publication comparable en Français n'a pu être trouvée.

[52A] Voir Al-Ghazali, *Lettre au Disciple*. – Bâle, Édition Oriflamme, 2009; – loc. cit., *Introduction* par G. Scherrer, pp. 47-50

[53] Comp. Pierre Chély, *Méthode Originale d'Écriture Secrète – Initiation à la Cryptologie*. – Paris, Guy Trédaniel, 1997. ISBN 2-85707-906-0.

[54] Voir *Le Rommant de la Rose* [de Iehan de Meung & Guillaume de Lauris], nouuellement reueu et corrige oultre les precedentes Jmpresions. Ceste édition ... est due à Maître Jehan de Longis, imprimeur ... à Paris ... en 1538. – Reprint: Paris, Jean de Bonnot, 1981.

[54A] *Le Livre des Mille Nuits et Une Nuit*. Traduction littérale et complète du texte arabe par le Dr. J.C. Mardrus (tomes. I-XVI). – Paris, Librairie Charpentier et Fasquelle, 1908.

[54B] Chrestien de Troyes, *Perceval ou le Conte du Graal*. – Texte original, et traduction par l'éditeur, Jean Dufournet. – Paris, Flammarion, 1997.

[55] J.P. Reinhard: *Vollständige Wappenkunst*. – Nürnberg 1747. – Un *livre d'Héraldique trilingue* (toutes les expressions héraldiques en allemand, en français, et en latin).

[55A] Frédéric Portal, *Des Couleurs Symboliques, dans l'Antiquité, le Moyen-Âge et les temps modernes*. Éditions de la Maisnie; – avec un avant-propos de J.-C. Cuin. – Paris, Treutel et Würtz, 1837.

[56] Ean Begg, *The Cult of the Black Virgin*, – Routledge & Kegan Paul Ltd., London, 1985

[57] Barbara Black Koltuv, *The Book of Lilith*. – York Beach (USA), 1986;

[58] Jacques Duchaussoy, *Le Bestiaire Divin ou la Symbolique des Animaux*.

[59] Louis Charpentier, *Les Mystères Templiers*. – Paris, R. Laffont, 1967.

[60] Vgl. Adam McLeans, *The Seven Vowels*. – Phanes Press, Grand Rapids (USA), ca. 1980.

[61] Helena Petrowna Blavatsky, *Secret Doctrine: The Synthesis of Science, Religion, and Philosophy* ... (Tomes I-III plus tome de registre). – 3-rd ed. London Theosophical Publishing Society, New York, Madras, 1893. Édition française: *La Doctrine Secrète*.

[62] Max Heindel, *The Rosicrucian Cosmo-Conception*. – Rosicrucian Fellowship, Oceanside (Cal.).

[62A] Voir Hercule de Savigny de Cyrano Bergerac, *L'autre Monde ou Histoire comique des États et Empyres de la Lune*. –Paris, Bauche, 1910 ; – et: Paris J.-J. Pauvert, 1962. – Cité dans Fulcanelli, *Les Demeures Philosophales*; – loc. cit.

[63] Basile Valentin, *Les Douze Clefs de la Philosophie* ; – loc. cit. supra.

[64] Mt. 10, 39; 16, 29; 20, 28; – et les parallèles dans les autres Évangiles.

[65] H.C. Agrippa a Nettesheim in *Occulta Philosophia*; – loc. cit. supra.

[66] *Orden der Illuminaten: Templer der neuen Zeit, Gnostiker in unseren Tagen*. – Verl. Psychosophische Gesellschaft Zürich, s.d. – Une publication des Illuminati du canton Appenzell (Suisse). – Brochure d'information officielle de l'Ordre, publiée probablement vers 1970.

[67] Georg Gichtel, *Theosophia Practica* ... durch Johan Georg Grabern von Ringehausen und Johan Georg Gichteln von Regensburg, im Jahre des Herrn 1696. – 3^{-e} éd. 1736. – Ré-édition avec une préface par P. Martin; 2^{-e} édition: Bâle, Éditions Oriflamme, 2011. – Édition française de la même troisième édition chez Sebastiani, Arché Milano, 1973.

[68] *Fama Fraternitatis* (P.E. 1614) ; – *Confessio Fraternitatis* (P.E. 1616); – *Chymische Hochzeit des Christian Rosenkreuz* (P.E. 1617).

→ Éditions françaises: *L'Appel de la Fraternité de la Rose-Croix*: ISBN:90.70196.98.0; – Le *Témoignage de la Fraternité de la Rose-Croix* : ISBN:90.70196.99.9; – *Les Noces Alchimiques de Christian Rose-Croix*, Tomes I & II: ISBN:90.6732.005.6 et ISBN:90.6732.034. Les trois œuvres éditées et commentées par Jan van Rijckenborgh. – Haarlem, Rozekruis Pers, diverses éditions.

[69] Comp.: A. Hildebrand, L. v. Schrœder, A. Holtzmann, *Der Hinduismus* (un choix de textes, s.l. s.d.). ISBN 3-93847-61-6, Ss. 67 und 69 f.

[69A] Jan van Rijckenborgh, *Dei Gloria Intacta*. – Haarlem, Rozekruis Pers.

[70] Jacques Duchaussoy, Le Bestiaire Divin ou la Symbolique des Animaux; – loc. cit. supra.

[71] Yves Schumacher, *Tiermythen und Fabeltiere*. – Amalia, Bern, 2001. – Aucun livre comparable en français n'a pu être trouvé.

[72] Fulcanelli, *Le Mystère des Cathédrales*; loc. cit. supra, p. 115.

[73] Fulcanelli, *Les Demeures Philosophales* ...; loc. cit. supra; – *Index des expressions* ...

[74] *L'Oiseau griffon*. À partir de la 3e édition de la première partie des *Contes des Frères Perrault*, 1837. – Et sous le même titre (*Der Vogel Greif*) chez les Frères Grimm (1813); – Dernière édition complète: Verl. Philipp Reclam, Stuttgart 1980. – ISBN 978-3-150531914.

[75] Voir *La Clef des Douze Clefs de Frère Basile Valentin*. – loc. cit. p. 259.

[76] Wilhelm Gundert (trad. & éd.): *BI-YÄN-LU: Meister Yüan-wu's Niederschrift von der Smaragdenen Felswand* ... (T. I-III). – Édition Carl Hanser, München & Wien 1960. – (une compilation de manuscrits du 10^{-e} au 12^{-e} siècle). – Traduit directement du MS chinois, et commenté par W. G. Aucune publication française comparable sur le Bouddhisme Zen ou traduisant ces textes originaux des premiers maîtres du Zen n'existe.

[77] Voir: A. Hildebrandt et al., *Der Hinduismus. loc. cit. supra,*, pp. 43-48.

[78] Edmond Bordeaux Székely: *The Essene Gospel of Peace*. – I.B.S. International, Nelson, Canada; div. Jahre.

[78A] Voir R. Steiner, *Les Mystères de la Genèse*. – Éditions Triade.

[79] *Sacros[anctum] Concilium Tridentinum; additis declarationibus Cardinalium, ex ultima recognitione Ioannis Gallemart ... Editio novissima super omnes Gallicas et Belgicas locupleta ... Pontificum ad varia Concilii capita insertis constitutionibus; nominatumque Clementis VIII ... – Itemque indice librorum prohibitorum ex præscripto Concilij*. – Lyon, 1676. – Avec un index des mots, un index des résolutions, personnes etc. et avec *l'Index des livres interdits*. – Voir surtout: Sessions VI, XIV, XXIII et XXV.

[80] Marcus Wegner, *Exorzismus heute: Der Teufel spricht deutsch*. – (*Exorcismes actuels: Le Diable sait parler l'allemand*). – Gütersloher Verlagshaus, München 2009; – ISBN 978357906476-5.
Un livre objectif de ce genre n'existe pas en français. – Mais:
Qui visite l'internet, trouvera sous EXORCISME des rapports actuels sur *l'exorcisation à mort – aussi en 2011!* – et d'innombrables *articles promotionnels* offrant les services d'un (ou d'une) exorciste *en chair et en os*, y compris plusieurs évêques! – Un exemple en est le prêtre italien Gabriele Amorth. – Quiconque se demandera à quoi peuvent bien ressembler les exorcismes de Gabriele Amorth, aura de suite la réponse:
Ce *Père* dit que *«le film culte L'Exorciste est fiable, bien qu'un peu exagéré par les effets spéciaux»*, et que c'est d'ailleurs *«son film préféré»*! — GAUDETE OMNES CHRISTIANI!

[81] Marcus Wegner, *Exorzismus heute* ... ; – loc. cit., p. 223 ff.

[82] Marcus Wegner, *Exorzismus heute* ... ; – loc. cit., p. 304.

[83] Adam McLean, *The Triple Goddess*. – Phanes Press, Grand Rapids, (USA), 1989.

[84] Michel Carrouges, cité dans *MUTUS LIBER*; – loc. cit. S. 15: *«La symbolique ne se laisse pas cantonner: Ou bien elle est universelle, ou bien elle n'est pas du tout.»*

[84A] 3 Mo, 26, 30; – 4 Mo, 22, 41; 23, 9; – 5 Mo, 23, 29; – 1 Reg, 3, 2 -3; (Hauteurs de JHVH!); – 1 Reg., 12, 31-32; – 13, 32-33; 14, 32; 22, 44; – 2 Reg. 21, 3; – 2 Reg. 23, 19; – dito Chr., et surtout: 2 Chr. 34; – etc...

[85] Israël Finkelstein et Neil A. Silberman, *David and Solomon* ... – loc. cit.

[85A] Voir Ps. 86 (87), 7: *«Et on chante comme ceux qui dansent la ronde; "toutes mes Sources sont à Toi!"»*

[85B] Wolfram von Eschenbach, *Parzival*. – Stuttgart, Reclam, 1981; – ibid. le passage XI, 11, 549, 1-6; – 550, 1-24; – 554,1-556,1.

[86] I. Finkelstein et N. Silberman, *The Bible unearthed. – Archeology's New Vision of Ancient and the Origin of the Sacred Texts.* – The Free Press Inc., 2002.

[87] Joëlle de Gravelaine, *La Déesse Sauvage – Les divinités féminines: mères et prostituées, magiciennes et initiatrices.* – Éditions Dangles, St.-Jean-de-Braye, 1993.

[88] *Sefer Toledot Jeshu* – Un texte juif du début de notre ère, mais mentionné par des non-juifs seulement à partir le 13-e siècle, traduit en Allemand par M. Luther en 1543, et en 1681 en Latin par Christian Wagenseil dans ses *Tela Ignea Satanæ*. – H.P. Blavatsky – dans *Isis Unveiled* II, pp. 127 et 201 – le cite comme *Sefer Toldos Jeshu*, où Jésus est nommé *Jehoshuah*. Probablement confondu avec le Pentagramma יהשוה, *Jehoshuah – le Fils*, issu du *Tetragramma* – IHVH – יהוה –; mais ces détails sont un complément utile au livre de Carlsen et al. (voir ci-dessus).
Nouvelle édition critique en Anglais, d'après divers MS et versions imprimées, – ISBN 97831615093. – Et sur le site suivant: http://www.archive.org/stream/einjdischdeuts00tolduoft#page/8/mode/2up.
Aucune version en français ne semble exister de cette œuvre.

[88A] Voir l'anthologie de tels textes dans *Trésor de Lumière de Mani – Chants et hymnes Manichéens.* – Bâle, Édition Oriflamme, 2009. – Illustré avec des exemples d'imagerie manichéenne originale.

[89] Fulcanelli, *Les Demeures Philosophales*; – loc. cit. supra, I, 287-289.

[90] Deren drey Hohen Facultæten zu Leipzig Bedencken und respective Urtheil / Welche Uber den zu Jena in der Heil. Christ-Nacht Anno 1715 passirten Traurigen Casum mit denen so genannten Teuffels-Bannern / Auf Begehren derer Hoch-Fürstl. Eißenachischen Hrn. Commissarien / den 6. Mart. 1716. aussgefertiget worden.
(Une expertise des trois Facultés de l'Université de Leipzig, concernant la conjuration du Diable par quelques personnes, pour lui arracher un trésor, en 1716). – Aucune publication comparable n'existe en Français.

[91] Marcus Wegner, *Exorzismus heute* ... – loc. cit.; Ss. 71-92.

[92] W. Mannhart, *Zauberglaube und Geheimwissen*; – loc. cit.

[93] W. Mannhart, *Zauberglaube und Geheimwissen*; – loc. cit. S. 23 ff.

NOTES BIBLIOGRAPHIQUES

[94] John L. Allen, *Opus Dei*. – Deutsch: *Opus Dei: Mythos und Realität – Ein Blick hinter die Kulissen*. (von einem O.D.-Mitglied verfaßt). – Gütersloher Verlagshaus, Gütersloh, 2006 – ISBN 3-579-06936-5.
Une œuvre française en parallèle : Bruno Devos, *La Face cachée de l'Opus Dei*. – Éditions Presse de la Renaissance, 2009. – Information de presse: «Bruno Devos, né en 1977 à Paris ... devenu chef de projet informatique ... membre de l'Opus Dei pendant une quinzaine d'années ... de nous démontrer que les pratiques de l'Opus Déi sont „ à l'opposé des idéaux qu'elle proclame "».

[95] M. Eberhardi Rudolphi Rothii, Gymn. Ulmii Conrectoris ... De Nicolaitis in Apocalypsi c. II, 15 delineatis Dissertatio. – In qua ... [quæ] Nicolaitorum, Gnosticorum aliorumque ejusdem farina Hæreticorum immania flagitia et nominatim Thyesteas epulas & Oedipodeos concubitūs in dubium vocant, placidissime inquiritur. – Editio priore longe auctior. Jenæ, Literis Wertherianis, sumpt. Christoph Enoch. Buchta, Anno O. R. M. DC LXXIX.

[96] Gottfrid Arnolds Unparteiische Kirchen- und Ketzer-Historie / von Anfang des Neuen Testaments biß auff das Jahr Christi 1688. – Franckfurt am Mayn, bey Thomas Fritsch, (1699).

[97] Valentin Weigel: *Das Buch vom Gebet...*; – loc. cit.; – dans la préface.

[98] Baigent, Leigh & Lincoln, *Holy Blood, Holy Grail*. – Delacorte Press, New York, 1982.

[99] Apocalypse de Jean, 2, 7 et 15; – Arnold, *Kirchen und Ketzergeschichte*, loc. cit.; Roth, *De Nicolaitis* ... loc. cit.

[100] Voir: Gilles Quispel, *Het Evangelie van Thomas. Uit het Koptisch vertaald en toegelicht door G. Q.* – Amsterdam, In de Pelikaan, 2004. (L'*Évangile de Thomas* traduit du Copte, et commenté); – loc. cit., dans l'*Introduction*.

[101] Giuseppe Fornasari, *Celibato Sacerdotale e ‹Autocoscienza› Ecclesiale – Per la Storia della ‹Nicolaitica Hæresis› nell Occidente Medievale*. – Università degli Studi di Trieste, Facoltà di Magistero, III-a Serie, N° 7. – Del Bianco Editore, 1981.

[102] Nigel Cawthorne, *History of the Popes* (une Chronique Scandaleuse du Vatican). – Les informations historiques de ce livre dépassent de loin la sensation journalistique.

[103] Mt 10, 18; – Lc 18 19.

[104] Voire la graphique dans la préface à *Mani – Trésor de Lumière: Chants et Hymnes Manichéens*. – Bâle, Édition Oriflamme, 2009.

[105] Voir: A. Franck, *Kabbalah*; – loc. cit.; – et: Papus, *Kabbalah*; – loc. cit.; – et: Gershom Scholem, *Kabbalah*. – Dorset Press, New York, 1974.

[106] Arijeh Kaplan, *Sefer Jezirah – The Book of Creation in Theory and Practice* – New York, S. Weiser, 1990.

[106A] 1 Cor 15, 54

[107] *Codex Hammurabi – Die Gesetzes-Stele Hammurabi's* ... – loc. cit. pp. 68 ss.; surtout p. 71 à 73.

[108] Voir: R. Steiner, *Die Tempellegende und die Goldene Legende*. – Dornach, 1991. Éd. franç: *La Légende du Temple et l'Essence de la Franc-*

105

Maçonnerie. – loc. cit.; – passim. – À consulter en plus: *Comment acquérir des Connaissances sur les Mondes supérieurs, l'Ésotérisme Chrétien, La Théosophie du Rose-Croix,* etc.

[109] David Icke: *The Biggest Secret.* Bridge of Love Publications USA, Scotsdale Arizona (USA), ca. 2001.

[110] David Icke, *And the Truth Shall Set You Free.* Bridge of Love Publications, Scotsdale Arizona (USA), ca. 2000.

[111] Ludwig Wittgenstein, *Tractatus logico-philophicus.* Edition Suhrkamp Nr. 12, 1966. – Édition française: Paris, Galimard, 2001.

[112] David Icke, The Biggest Secret; – loc. cit., chapitre 6: Where have all the children gone?

[113] *Lucii Ferraris Ordinis Minorum ... Prompta Bibliotheca ...* ; – loc. cit.: De nombreuses expressions concernant le droit civil, le droit éclésiastique conjugal, abstinence, etc. – En plus de nombreux et longs articles concernant la ‹bonne foi›, l'hérésie, la magie, la ‹superstition›, la ‹luxure›, les Ordres, etc.

[114] Giuseppe Fornasari, Celibato Sacerdotale e Autocoscienza ... – loc. cit.

[115] G. Quispel, *Het Evangelie van Thomas* ... – loc. cit.; – Logion 2.

[116] *Antaios* – édité par Mircéa Éliade et Ernst Jünger. – E. Klett Verlag, Stuttgart, 1960; – Tome II, Planche. XVI, Image 4.

ANNEXE II:
INDEX ALPHABÉTIQUE DES EXPRESSIONS SPÉCIFIQUES

ADAM 13, 28, 57
ADONIS 38, 70
AGAPE, repas fraternel 72
Agneau – Agnus – Agni 11, 63
AGRIPPA, H. C. a Nettesheim 46, 56
AHRIMAN 34
AHURA MAINYU 34
Aigle(s) 51, 60 f., 63
Alchimie 12, 14, 16 f., 21, 29, 44, 48-54, 59-63, 79, 91, 96
Alchimique allégorie 61, 64
Alchimistes dénigrés 79
Âme mortelle → Nephesh
Âme vivante, homme à 46
Âme-Esprit vivante 62, 66
Amiens, Labyrinthe de 49
Amour naturel 93
Amour, surhumain 93
ANĀT, Déesse Mère 70
Ancient Symbol Worship 38
Âne 9, 62, 66, 71
Ange annonciateur 44
Annonciation aux bergers 22, 71
Annonciation à Elisabeth 14, 73
Annonciation à Maria 14, 73
Anthroposophie 55, 87, 100, 105
Antiféminisme → Misogynie
Antithèse 20, 42-44, 69, 82, 93
APHRODITE → VÉNUS
Apôtres, lettres des → *Lettres*
Arbre des Séphiroth → Sephiroth
Arbre de Vie 28, 65, 70
Archaïque Mère 42, 53
Archaïque Océan 42
Argent vif 61, 74
Ariès → Bélier
ARNOLD, Gottfried 79
ARTEMIS 71

Ascétisme 40, 80,
Asgarta, Temple de 39
ASHERA, Déesse Mère 69, 70
ASCLÉPIOS 50
ASOKA, Initié Hindou 40
ASTARTÈ, Déesse Mère 70
Atlantis 60
ATMAN 49
ATTIS, Dieu immolé 38, 70
AUGUSTINUS 40, 41, 78
AUM 39
Auto-initiation 56
Auto-responsabilité 84
Ayn-Soph 45, 58, 95

BAAL 69, 70
BACCHUS enfant solaire 63
Baphomet 74, 80
Barre, ou trait 42 f.
Basilisque 49, 61, 63
BASILIUS VALENTINUS 47, 55, 62
Basler Zeitung, Magazine 68
BEEL-ZEBU(B) 66
Bélier ou Ariès 63, 71
Berbères, Alphabet des 48
Berger un Initié 22, 44
Bêtes fabuleuses 64
Bien et Mal, distinction 65, 75, 96
Bien Unique 26
Biggest Secret, The 92
Biléam 38
BINAH, Sefira 60
BLAVATSKY, H. P. 36, 40, 54, 60
BŒHME, JACOB 48
Bogumiles 4, 80
Bonne Nouvelle aux hommes 74, 84
Bouffeur de Chrétiens 62, 64
Brahm-Atma 39

BUDDHA 38
Buddhi 49

Caducée de Hermès 50
Calomnie moyen de pouvoir 72, 78, 79, 92
Cannibalisme actuel 88, 92
CANSELIET, Eugène 32, 47
Capricorne 22, 45, 53, 60, 68, 69, 70-72
Carré 42, 45
Cathares 54, 57
Cavités du cœur supérieures 44, 49
Cercle 26, 37, 40, 47 f., 50, 60, 74, 89
Cerf 80
Chakres 56, 75
Champ de force d'un groupe 76
Champ de force d'un symbole 75 f.
Chaos 42, 47, 49, 70
CHARLEMAGNE 51
Chartres, Cathédrale 20, 49, 50, 72
Chasse de Venus, La 62
Chemin, Le 3, 28, 30, 38, 40, 45, 59, 61, 73, 84
Chemin de retour vers le Père → Chemin, Le
Chemin menant vers le Haut 45, 66, 84, 86, 95
Chercheurs, véritables 40, 41
Cheval 62
Chevaliers pré-islamiques 52
Chèvre, Bouc de → Capricorne
Chiffrage 51
Choix individuel 76, 78, 94
CHOKMAH, Sefira 62
CHRESTIEN de Troyes 52
Chrétiens, premiers, divisés 80
Chrisma 47, 50
CHRIST 13, 43, 47, 48, 50, 56, 60
CHRIST Démiurge 12

CHRIST Esprit Solaire 60
CHRIST, Imitation du 57-59
CHRIST Médiateur 48, 50, 60
CHRIST un Dragon 50
CHRIST un Hiérophante 48, 50, 55
Christ de Paul, Le, livre 37
CHRIST, Soufre solaire 47, 60, 71, 74, 86
Christianisation 33, 52, 62, 80
Christianisme 32, 36-38, 47, 63, 66, 70, 72, 80, 87
Christianisme originel 70, 80
Christianisme, Passion 56, 59, 63
Christianisme culte de Vénus 49, 53
Chronique des Arts, gazette 37
CHRONOS-SATURNE 17, 70
Cigogne 54
Cinquième Dimension 45, 95
Clef des Douze Clefs ... 47
CLEMENS ALEXANDRINUS 78
Clou pour la Croix 43
Codex Hammurabi 33, 87
Cœur – centre du microcosme 5, 75, 96
Cœur, flamboyant 44, 49
Cœur, trois centres spirituels 44, 49
COHAUSEN, Johann Heinrich 21, 48
Colombe 50, 70, 71, 72
Colombe = Saint Esprit 14, 71
Colombe symbole du Graal 71
Colombes de Diane 51, 54
Concordance des symboles 26
Coniunctio 49, 91
Contes 52, 53, 61, 62
Contraires, apaisement des, 84, 90
Corps Platoniques 20, 46
Corpus Hermeticum 96
Couronne aux Roses 56, 58
Couronne d'épines une rose 57
Couronne d'épines & sang 56

Indexe des Expressions Spécifiques

CRANACH, Lukas 53, 65
Crédo islamique à Rome 38
Croix 42, 45, 60
Croix celtique 60, 61, 62
Croix latine 60, 64, 77
Croix latine pervertie 60, 61
Croix d'Occitanie 10, 57, 59, 86
Croix de St-André 42
Croix des Templiers 59
Croix en Tau 50, 59
Crucifié, Le 58, 63, 72
Crucifié symbole de Vénus 56 f., 59
Cryptogrammes 19, 28, 51

DALAÏ LAMA 39
Dances rituelles 49, 67
DANTE ALIGHERI 54
DAVID & SALOMON, Mythe 44, 69, 77
Déesse d'Arbres 70
Déesse, Grande → Déesse Mère
Déesse, La → Déesse Mère
Demeures Philosophales 47, 61, 74
Déesse Mère 9, 14, 19, 42, 46, 53, 60, 70
Démons 13, 39, 60, 65, 67, 72
Deux Natures → Natures, deux
Diable 66 ff., 78
Diable, culte du 33, 60, 62, 64, 66, 75
Diable et l'Église de Rome passim
Diable domine l'Église de Rome 19, 46, 66, 76, 78
Diable pas une personne 67, 68
DIABOLOS = IÂO, un jeune âne 66
Diamant 45
DIANA 70, 71
Dichotomie 18, 20, 47, 84, 90, 95
Dichotomie, origine de la 13, 85
Dieu descendu du Ciel 47, 63 f., 71

DIONYSOS 38, 63
Doctrines de Rédemption 58
Dogmes de l'Église 37 f., 65, 71 f., 80 f., 84
Douze Clefs de la Philosophie 47, 55
Dragon 12, 16, 21, 49 f., 61 ff.
Drôme Provençale 23, 66
Drude, Griffe de 19, 46 f.
Druidisme 25, 46
Druidisme aboli 52
Dummūzi 70
DÜRER, Albrecht 65

EAUX célestes 46, 53, 54, 58
Eaux primordiales Archaïque ...
Écritures secrètes 51
Église de Rome et le célibat 81
Église de Rome, ses ennemis forts 39
Église de Rome exclusive 46
Église de Rome licencieuse 81
Église de Rome misogyne 87
ELISABETH 14, 72
ÉLOHIM 47
Énergie vitale, humaine 88
Énergie vitale, universelle 88
Enfer, doctrine concernant 63
ENOCH 56
Éonologie gnostique 45, 66, 84
EPIPHANIAS 41, 78
ESCHENBACH, Wolfram v. 69
Esprit 11, 28, 30, 43, 47, 55, 74
Esprit s'incarne 63
Esprit Saint 63, 71, 72
Esprit septuple 47, 54, 56
Éthers, rapine des 88
Étoile 13, 55
Étoile du matin 10, 13, 66
Étoiles, diverses 18, 21, 22

Êtres mixtes 64
Évangile des Esséniens 65
Évolution de l'Univers 27, 29, 40, 51, 85, 86, 89, 90, 95
Exorcistes actuels 66, 67, 76

Faim du pouvoir 41, 46, 51
Fécondité 45, 49f., 63, 69, 71
Femelle ‹passive› 68
Féminin, femme 47, 82; voire aussi → Barre, Losange, Lune
Feu 61, 72, 85
Feu alchimique 74
Feu de l'Enfer 83
Feu d'Esprit 59, 62, 63
Feu, Éther de 45, 49, 95
Feu du sacrifice 63, 90
Feu de Sagesse 62, 63
Feu solaire 63
Feu, triple 44, 49
Figures Secrètes des Rose-Croix 18
FILS 43, 45, 69, 81, 82, 104 voir aussi → Logos, Trinitas
Fils Amant 70
Fils Synthèse 82, 85
Fils troisième émanation 43, 45, 62, 82
Fils troisième un simplet 84
FINKELSTEIN & SILBERMAN 44, 69
Fixer le volatil 62
Fleur de Sagesse 52
FLUDD, Robert 21, 48
Folklore ressembl aux Mystères 85
Fontaine de Jouvence 47
Francs-maçons 40, 43, 57 f., 79, 84, 88
Francs-Maçons des Hauts Grades dénigrés 88
Fraternité des Ordres 51, 73

Freiburg i/Br., Cathédrale 68
FULCANELLI 39 f., 47, 61, 74, 97 ff.

Gargoyles 65
Gématria 51
GICHTEL, Georg 58
Glaives deux ou double-tranchants 63
Gnose actuelle 29, 35
Gnose persécutée 32, 74, 76, 79, 80, 86
Gnose, La, livre par G.R.S. Mead 40
Gnostiques, anciens 40, 84
Gnostiques, anciens, ascètes 79, 80
Gnostiques calomniés 32, 34, 41, 74, 79, 88
Golden Dawn, Ordre 79
Graal 21, 46, 52, 56 f., 71
Graal, Ordre du 57, 71
GRAF, Vrs 65
Grande Révolution 48
Griffon 12, 22, 49, 61-64
GRIMM, Frères 62
Guerre biologique 33

Harry Potter, Romans 63
HAT-HOR 64, 70
Hauteurs et bosquets 69
HEINDEL, MAX 55, 56, 110
Heptagramme 20, 47
HÉRAKLÈS, douze travaux de 38
Héraldique 15, 29, 53-57, 61, 74
Hérésie inventée par Églises 78, 79
Hérésiologie 78, 79, 80
HERMÈS 95 ff.
HERMÈS, Caducée de 50
HERMÈS TRISMÉGISTOS 60, 95
Hexagramme 43, 46, 48
Hiérodules 87, 91
Hiérophante des Mystères 38, 39

Indexe des Expressions spécifiques

History of the Popes 38
HOLBEIN, Hans 53, 65
Homme couronnement de la Création 26, 45
Homme et femme, équilibre 81
Homme image de Dieu 26
Homme microcosmique 18, 55, 70
Homme Nouveau divin 58
Homme, privilège d'être un 86
HORUS 43, 71
HOSHUA, premier nom de JÉSUS 71
Hostie un symbole solaire 71
Hypocrisie 26, 91

IANUS 39
IÂO (âne) 9, 66
IÂO = Dieu Père Jéhovah 47
IBN ARĀBI 3
ICKE, DAVID 92
Idolâtrie 66, 87
Idolâtrie appelée fornication 87
Ignorance moderne 29, 32, 34, 64, 66, 79, 8044
Ignorance utile aux potentats 34
IHVH 47, 66
IHVH-sans-plus, mouvement 69
Illuminati 57, 58
Illuminati inculpés 88
Illuminisme 25, 32, 33, 64
Incubi 88
Intolérance moderne 32, 34, 64, 77
Invocations, Prières 34, 82, 94
IRÉNÉE 37, 78
ISHTAR, Déesse Mère 70
Isis Unveiled 36
ISIS, Déesse Mère 49, 53, 58, 71
ISIS-SOPHIA 54
Islamique Crédo au Vatican 38

JACOLIOT, Orientaliste 39
JAKIN & BOAS 10, 11, 75
JESHŪ, sobriquet de Jésus 71
JESOD, Sephirah 85
Jésuitique commentaire 27
Jésuites 33, 66
JÉSUS 63, 70
JÉSUS, baptême de 71, 72
JÉSUS passion de 41, 56, 70
JÉSUS, onomatologie de 71
JOHANNÈS fiancé de MARIA 71
JOSEPH, père de Jésus 71
JUDAH & TAMAR 87
JUDAH, rois de 69
JUDAH, tribu nomade 44
Jugement Dernier 83
JUPITER AMMON 44
JUSTINUS MARTYRE 37

Kasares, ou Khazares 38, 46, 88
KETHÈR, Sefira 42, 48, 63
Kirchen- und Ketzergeschichte 79
Knossos, Labyrinthe de 49
CYBÉLÈ 39

Labyrinthe 19, 49,
Langue de l'Unité 25, 26, 28,
Langue des Oiseaux 3, 23, 30
Langue symbolique universelle 26, 27, 28
Langue-matrice, Pelasgue 30
Lettres des Apôtres forgées 87
Liberté de foi, paroles et actes 34, 41
Licorne 11, 23, 69, 80
LILITH 54
Lion 61
Livre des Esprits ou des Démons 39
Livre fermé 23

Livres des Prophètes 61
LOGOS 43, 48, 63, 85
LOHENGRIN 54
Losange 42, 43, 44, 47, 60
LUCIFER 66
Lumen novum phosphoro accensum 21, 58
Lumière 48
Lumière divine 43
Lumière, force de 45
Lumière, homme de 18
Lumière, loi magique de 94
Lune 9, 10, 12, 16, 18, 53, 60, 71
Lys, fleur blanche 54, 68

Madonne un Chevalier 23
Magie, qu'est-ce 75, 77, 78
Magie agit indépendamment 77, 93
Magie de l'Église exclusive 78, 79
Magie, formules 82
Magie incontournable 94
Magie, lois de la 94
Magie omniprésente 93, 82, 94
Magie de la pensée 82, 94
Magie du sang actuelle 88
Magie sexuelle 72, 78, 88
Magie des symboles 75
Magie, ‹valence› de la 76, 93
MAÎTRE DES GIROFLES 53
Mâle, mâle 47, 82
  → voir aussi barre verticale
Mâle ‹actif› 68
MALKUT, Sefira 45
Malleus Maleficarum 34
Mama 42, 46
Manas 49
MANGOLD, Burkhard 22
Manichéens 73
Manipulation des Masses 86, 88, 92

Manipulation magique 34, 88
Mantres, invocations 82
Mari 42, 56, 71
Maria 42, passim
Mariage outil de pouvoir 94
Mariage Sacré 42, 69, 71, 81, 82 ff., 91
MARIE à la Licorne 68, 69
MARIE MADELEINE 54, 72
MARIE, mère de JÉSUS 46, 54, 70
Maya, illusion 45
Maya, peuple des 84
Mead, G.R.S. 40
Menhirs 42
MÉPHISTOPHÉLÈS 68
MERCURE 50, 61, 71, 74, 91
MERCURE Médiateur 48, 49
MÉTATRON 48
  voir aussi → Christ, Médiateur
MÉTÈ, Déesse Mère 74
Microcosme → Homme microc ...
Minotaure 49
Misogynie 68, 87
MITRA 64
Monothéisme, signification 85
Mort venue au monde 65
Moyen-Âge, heureuse culture du 73
Mutus Liber de l'Alchimie 22, 37
Mystère des Cathédrales 61
Mystères antiques 29, 38 f., 43, 58, 63, 71, 275, 85, 91, 94
Mystères, Tradition 29, 43, 91
Mythes 61

Nature, forces de 60
Nature, religions de 90
Natures, deux 12, 13, 18, 56, 61, 71
Natures, deux, inconciliables 83
Néant, le 47, 49

INDEXE DES EXPRESSIONS SPÉCIFIQUES

Nephesh âme vivante 56, 66, 68
NEPHTYS 49
NEPTUNE 49
Neshamah âme-esprit 66
NICODÉMUS 49
Nicolaïtes 41, 79, 80
NINTÎ 70
Nirwâna 45
Nombres de 1 à 10 *passim*
Non-chose, le 47

Occitane Tradition 46, 53, voir aussi → Croix O ...
Occulta Philosophia 45, 56
Octaèdre 45
Occultisme 29, 45
Oeaohoo 55
Oie, ou Oc, patte de 69
Oiseau de Feu 62
Olivier 53
Opus Déi, Ordre 78
Or 39, 47, 49, 50, 89
Ora et labora 47
Ordre du Monde, nouvel 58
OSIRIS 48
Oubli → Ignorance
Ouroboros 48

Paires de Contraires → Dichotomie
Pape ne pas successeur de Pierre 36, 38 f.
Parvulus de la Bible 62
Parzival 69
Pas de trombones à Jéricho 44, 69
Pateras, Pateres, lieux d'oracles 38
Paul, Christianisme de 37
PAZUZU, ‹démon› babylonien 65
«Péché originel» absurde 83, 84
Pentagramme 4, 19, 45, 48

Pentagramme, tête-bêche 19, 46
Perceval 52
PERRAULT, Frères 62
Perversion de symboles 61, 64, 77, 81
Perversion de la vérité 33, 34, 74
Petroma, archiprêtre 49
Petroma, plaque en pierre 48
Philosophes par le Feu 47
Philosophia Mosaica, livre 21
PICASSO 82
PIERRE, chaire de 36, 37
PIERRE, chaises, deux 37
PIERRE, clefs de 39
PIERRE, mythe de 47, 60, 62, 64
PIERRE, onomatologie 38
Pierre Philosophale 11, 17, 21, 53, 55, 62
Pioneer, sondes spatiales 26
Pistis-Sophia, Mystères de 87
Pitr, interprète 38
Pitri's, esprits, voire démons 39
PLUTON 49
Point 42 58
Point, multiple 42
Pommes d'Or des Hespérides 62
Pontifex Maximus des Indes 38
Popol Vuh 84
Porte, la 85, 86
Præscriptionibus, De, 38
Pré-mémoire 27
Prêtres, savoir des 27, 34
Prêtresses Babyloniennes 87
PRIAPUS 42
Prière 34, 47, 82, 94
Prière, magie de la 36, 80
Priscilliens 80
Prise de conscience 27, 48
Procès contre sorcières 33
Pruderie de l'Église 26, 72, 81, 94
Pères de l'Église complexés 72, 87

Pureté du cœur 23
Pyramide 45
Qabbalistes 84, *passim*
Qabbalistes, anciens 40
Queste, véritable 40, 41
QUISPEL, Gilles 80, 96

RE 48
Religions d'État syncrétistes 73
REMBRANDT 53, 65
Renaissance par l'Eau 59
Renaissance par l'Esprit 59
Renaissance par le Feu 59
Ressources = énergie vitale de l'Univers 88
Réunion → Coniunctio, Union
Rhombe 42, 43, 44, 47, 60
RIJCKENBORGH, Jan v. 48
Rose d'argent 54, 57
Rose, blanche 54, 59
Rose, noire 46, 59, 53, 59
Rose, d'Or 55, 57, 59
Rose, rouge 55, 59
Rose-Croix classiques 55, 56, 57, 59, 79
Rose-Croix, définition 58
Rose-Croix, Manifestes 58
Rose-Croix, modernes 57, 58, 79
Roue: naissances et des trépas 58
Ruach 66
Rune Ingwaz 44
Rune Ylhaz 56, 59

Sab – Lumière 48
Sabah Royaume de Lumière 64
SABAZIOS, Esprit solaire 38
Salamandre 61
SALOMON, sceau de → Hexagramme
SALOMON, sel de 44

Sang, conscience du 27, 33
Sang, immolation de 56
Sang, perte = perte d'éther 56, 88
SATIE, Éric 54
SATURNE 80
SATURNE dévore enfants 64
Savarmeda, offrande 39
Savoir royal 23
SECHMET 70
Semi-savoir 35
Séparation des sexes 85, 86, 90
Séparation de Dieu une illusion 83
Sepher ha-Jezirah 84
Sepher ha-Zohar 44
Sepher Toldot Jeshu 71
Séphiroth, arbre des 40-42, 47, 50, 62, 85
Sept, nombre 54 f.
Sept nombres, voyelles, planètes 54
Serpent 48, 65
Serpent d'airain 50
Serpent vert 50
Serpents, deux 50
Sexes séparés 26, 83, 86
Sexisme 68, 72, 78, 80, 87
Sexualisation de la Société 86, 89, 91 f.
Sexualité voir aussi → Manipulation
Sexualité voir aussi → Séparation
Sexualité avilie 79, 81, 87, 92
Sexualité une force élémentaire 92
Sexualité méprisée 72, 81, 87, 90
Sexualité omniprésente 81, 86, 87
Sexualité à l'Origine divine 81, 92
Sexualité un symbole 81, 90, 92
Signe de Harpocrate 44
Sorcières 46, 70
Société schizoïde 87, 92
Société sexualisée → Sexualisation
Sol Invictus 54

Indexe des Expressions Spécifiques

Solaire Esprit → CHRIST, solaire
Solaire roue, celtique 10, 47
Soleil 10, 12, 21, 28, 52, 57, 65, 70, 73
Soleil, course du 48
Solstice d'hivers 69, 71
Solstice de printemps 63, 71
SOPHIA 11, 23, 64, 82
Sorcellerie de jadis et actuelle 33, 76
Sorcellerie persécutée 33
Soufre 61, 74
Soufre solaire 47, 60, 74, 86
Spiritisme 76
Stances de Dzian 55
STEINER, Rudolf 87, 99, 103
Stonehenge 43
Sublimations 50
Succubi 88
Sufi's 40, 51, 52, 56
Superstition – Tradition 32, 66, 78
Swastika inversée, magie de la 48
Symboles – vue du spectateur 89
Symboles évincés 32, 35, 46, 64, 56, 76
Symboles polyvalents 30, 36, 69, 82
Symboles toujours actifs 27
Symboles, parallélisme 36
Symboles, sens intérieur 89, 95
Symboles, valence et effet 36
Symbolique est Feu 95
Symbolique est Vie 34, 95
Symbolisme est neutre 63, 95
Symbolisme des nombres 51, 52
Syncrétisme 32, 73
Synthèse 20, 42 ff., 47, 69, 82, 95
Synthèse – Croix – Fils 42, 43, 69
Synthèse, LOGOS, VERBE 85
Syzygoi 43, 49, 86

Tabula Smaragdina 60, 95
TAMAR & JUDAH 87
TAMŪZ → DUMMŪZI
Tantra moderne 91
Légende du Temple, et Légende d'Or 105
Templiers 54, 57, 79
TERTULIANUS 38
Tetraktys → Tétrade
Tetrade 42, 43, 45, 47, 63
Theosophia Practica 58
Théosophie 26, 45, 85, 90
Thèse 20, 42, 44, 69, 82, 95
THÉSEUS et le Minotaure 49
THETYS 70
Thomas, Évangile de 96
Tiara des Hiérophantes en Inde 39
Tiédeur un grand danger 76, 94
TIFERÈT, Sephirah 91, 92
Tolérance 51, 58, 73, 80
Tout-en-Tout 95, 96
Tradition du Graal en Occident 52
Transfiguration 55, 57, 59, 60, 64
Transformation 59, 60
Trèfle, symbole bivalent 4, 13
Triangle ascendant 18, 43, 45, 47, 74
Triangle descendant 18, 21, 43-45, 47, 49, 74
Triangle d'Or 39
Triangle de Feu 18, 43, 44
Trinité 43, 44, 48
Triple Flamme 44, 49, 74
Triple Présent 95
Triskell 48
Troubadours 54

Union 49, 60, 91
Union, comment la rétablir 90

Unité de tous et de tout 25, 84, 96
URANUS 49, 70
Uréus, serpent 48
Vampyrisme, ancien et actuel 88
VARUNA 64
Vatican, pouvoir du 32
VÉNUS 50, 53, 56, 59, 60, 64, 68
VÉNUS Columba 56, 71, 72
VÉNUS Ourania 56, 70, 72
VÉNUS Pándemos 70, 72
VERBE 48, 85
Verseau, signe zodiacal 24,
Vierge noire 53
Virginité 69
Vitriole 53
Vivre, c'est apprendre et mourir 93
Volonté nouvelle 23
VULCANUS 48

WAKE, Staniland 38
WEGNER, Marcus 67
WEILER, G. 68
WESTROP, H.M. 38
WILDER, A., Prof. 38
WOLFRAM von Eschenbach 69
WOTAN 44

X (Chi) 43

Y, potence ou croix 56, 59
YIN-YANG, symbole 49
Ylhaz, Rune 56, 59

Zen, Bouddhisme du 63
Zéro, Chiffre 47
ZEUS-JUPITER 50
Zillis, Église 22, 44
Zohar, Sefer ha- → *Sefer ...*

ANNEXE III

ANNEXE III

LISTE DES SYMBOLES ÉSOTÉRIQUES LES PLUS COURANTS (INCOMPLÈTE !!!)

♈	Ariès (Maison 1)	Maison «égocentrique»: Ego, tête dure, asocial	tête, front	Régent ♂	égo-intelligent, vit dans la tête, ambitieux; courir & actif p. l'activité,	fixe Feu
♉	Taureau (Maison II)	Existence matérielle: cuisine paysan, commerce d'art,	nuque/cou	Régent ♀	force vitale, jalouse, conservation, Arts, matière, antiquités, chaleur.	ferme terre
♊	Gémeaux (Maison III)	Rencontres, langues, échanges	épaules, bras	Régent ☿	Légèreté, amusant, humour flexible, chancelant, „double"	variable air
♋	Cancer (Maison 4)	Famille («souche», chez-soi, foyer)	poumons, rate??; ev. ↔ ♍ ?	Régent ☽	ambitieux, offensif, vulnérable; sensitif, timide, vie domestique	fixe eau
♌	Lion (Maison 5)	Partenaires d'affaires, amis, jeu, luxe, arts, réceptions	cœur	Régent ☉ Roi, Dieu, l'Un-Tout	Orfèvre, acteur dramatique; autocrate non-autonome, macho	ferme feu
♍	Vierge (Maison 6)	Apprendre, souffrir, servir, guérir, instruire; les Autres	estomac, foie, digestion	Régent ☿	Subjectif, polyvalent, pédantisme organisat, instruct, Sciences.	variable terre
♎	Balance (Maison 7)	Partenaires de famille / progéniture	hanches	Régent ♀	flexible, instable, diplomates, commerce, traduct, interprètes	fixe air
♏	Scorpion (Maison 8)	Questions rel. à vie et mort, mystique, sublimation	organes génitaux (aiguillon!)	Régent ♇	drogues, philosophie, intrigues, sexus; divisé: dépendant &indép.	ferme eau ignée
♐	Sagittaire (Maison 9)	Religion, voyages, perspectives; Le Chemin	cuisse	Régent ♃	Mobilité, mouvement continu, ambition, voyage, dynamique	variable feu
♑	Capricorne (Maison X)	Philosophie, la loi, société, profondeur, le Rocher	genoux	Régent ♄	Endurance, obstination, rigide, froid (hivers), ermitage, gaucher, conservatif, fidélité, immobilité	fixe terre
♒	Verseau (Maison XI)	Joie véritable; engagement spirituel, imagination	mollets	Régent ⊕	Altruisme, fantaisies, moteurs, social, raconteur, rythmes, film	fixe air
♓	Poissons (Maison XII)	Maison où tout se dissout (achèvement du cycle)	pieds	Régent ♆	Philosophe, drogues, médium, jouir, séduire, séductible	
☉	Soleil (nombre 1)	Le Soi masculin, le Toi de la femme	chakra du cœur	Or, esprit, igné, rayonnant	RA, RE, EL, Hel, Sol, Sal, Shams, Dieu Père	Or, Gueule, Rouge
☽	Lune (nombre 2)	Le Soi féminin, le Toi de l'homme	vessie/reins/Sexus, lymphe?	Argent, âme, aqueux, réceptif	IS, Sel, Sil, Luna, D(i)ana; Déesse Mère souveraine, GRAAL	Argent, Blanc
☿	Mercure (nombre 5)	Pensées / intellect, langues raisonnemt. & pensée anc.	respiration	Argent vif, mercure	HR, Hermès-Mercure, FILS VERBE,	Jaune
♀	Vénus (nombre 6)	Harmonie, amour, sexus, volonté fém, arts, musique;	chacra du ventre	Cuivre, airain, laiton, bronze	Vénus, Kypris, Déesse Mère féconde (Graal)	Sinople, Vert

ANNNEXE III

	(nombre 9)	impulsion non dirigée, inst.	chakra de base	minérai de fer	Ares, Mars	Rouge
♃	Jupiter air (nombre 7)	Raisonnement nouveau, sagesse, orateur, publique	chakra du larynx, larynx	Étain	Zeus, Jupiter. – „Chance“ sociabilité, „jovialité“	Azur Bleu clair
♄	Saturne-Chronos terre (nombre 8)	Gardien du Seuil, la Mort, Initiation, savoir/ expérience	chakra du vertex, joints, os, genoux	Plomb; Plomb des Philos.	Froid, dur, friable, tristesse, séparation, obstacles, ascèse	Sable, gris, Noir, viol.
⛢	Uranus (feu) (nombre 4)	Rhythme, ondes, impulsions „▽ au-dessus des Cieux“	Amour Nouveau (inconditionnel)	radioactif (rayonnant!)	Idées, inventions, intuition, changements brusques, infidèle	Orange (aussi viol)
♆	Neptune aqueux (nombre 3)	Empathie, inspiration, illusions, religion, tout ce qui est psychique …	Spiritualité réceptivité, illusion raison nouvelle	radioactif (rayonnant!)	Talents psychiques, médialité, drogues, sensitivité	violet, lila (Pourpre)
♇	Pluton (nombres 0/10)	Sort, Karma, violence; 'marteau de Dieu', acte nouveau	violence, Karma, faim du pouvoir	radioactif (rayonnant!)	Orateur persuasif, guide, chef, démagogue, révolutionnaire	Orange
♁	Terre (surtout) <u>non pas</u> l'élément	Matière (4 Éléments) 'plus haute' que l'esprit.	purification du monde par le Feu	monde+contraires «Dichotomie» **Y**	Prima Materia	Vert (brun)
△	Élément Feu	Tout ce qui est igné „Trigonum Igneum“	Tout ce qui est spirituel	Trinité	Souffre 🜍, Sel 🜔, acide, piquant, chaud, luisant	Or, Gueule, Rouge
▽	Élément Eau	Tout ce qui est froid, humide; – feu froid & hum.	Tout connecté à l'âme (2)	Grande Déesse Mère	'Mercure philosophique', tout ce qui coule …	Couleur Ciel (argenté)
🜃	Élément Terre	Froid et sec	Tout le corporel, paresse, □, +, (4)	„sublunaire“	Vitriole (contraires unis provisoirement)	couleur. ciel, vert, sinople
I	PÈRE	Le Un **I**	NOUS(1)	le Tout-en-tout	Volonté créative Sagesse	rouge (doré)
—	MÈRE	Œuf, Zéro, Losange	PRONOIA / PLEROMA	Vierge toujours enceinte	Manifestation créative „giron“, St. Esprit	bleu (indigo)
× ou bien +	FILS, Lumière, 'Esprit Feu' 'force christique'	Dix romain: **X (= 2 x V)** (**V** + **Λ** → ⋈ → ✡) 'Le Croisé'	VERBVM (Le Verbe)	Macrocosmique, cosmique, microcosmique	Dieu descendu du Ciel *Msj*, le (dieu) Nouveau-Né, dont '*Messias*'	Jaune
⛤	Âme Vivante	'Renaissance par l'Eau'	Homme d'Âme	'Homme Jésus'	relié à la Gnose	Argent
✡	Âme-Esprit	'Renaissance par l'Esprit'	'le Sage'	'Homme Christ'	Harmonie des Contraires, relié à l'Esprit	Or
△	Transformation	Transfiguration par le Feu	Pierre Philosophale	Adepte de la Pierre	Santé, prospérité, longue vie	Pourpre
◎	Présent éternel	Unité des 7 Esprits (3+4) auprès Trône … (Cercle)	Microcosmiquement «à la Droite du Père»	Cosmiquement: Âge d'Or	Macrocosme: Début et fin d'un Jour de Création (jour de Brahma)	7 couleurs, sons, voyelles

ACHEVÉ D'IMPRIMER:
2012
ÉDITIONS ORIFLAMME, CH-BÂLE

edition.oriflamme@gmail.com

www.ingramcontent.com/pod-product-compliance
Lightning Source LLC
Chambersburg PA
CBHW071624170426
43195CB00038B/2117